Blumenberg | Wirklichkeiten, in denen wir leben

Hans Blumenberg

Wirklichkeiten in denen wir leben

Aufsätze und eine Rede

Reclam

RECLAMS UNIVERSAL-BIBLIOTHEK Nr. 14015
1981, 2020 Philipp Reclam jun. Verlag GmbH,
Siemensstraße 32, 71254 Ditzingen
Gestaltung: Cornelia Feyll, Friedrich Forssman
Druck und Bindung: Esser printSolutions GmbH,
Untere Sonnenstraße 5, 84030 Ergolding
Printed in Germany 2024

ISBN 978-3-15-014015-4
www.reclam.de

Einleitung

Daß mehr als eine Welt sei, war eine Formel, die seit Fontenelle die Aufklärung erregte. Noch vor dem Einsetzen kosmogonischer Entwürfe erschien dies als der kräftigste Widerspruch gegen die theologische Metaphysik, die aus dem Schöpfungsbegriff die Einheit der Welt herleiten mußte und sich dabei auf Plato und Aristoteles berufen konnte, die in der Vervielfachung des Kosmos durch Demokrit die Zerstörung der Weltvernunft gefunden und niedergekämpft hatten. Als Kant durch seinen frühen Geniestreich einer »Naturgeschichte des Himmels« die Einheit des Universums wiederherstellte, gab er auch die vermittelnde Formel einer *Welt von Welten.*

Daß wir in mehr als einer Welt leben, ist die Formel für Entdeckungen, die die philosophische Erregung dieses Jahrhunderts ausmachen. Man kann das als eine absolute Metapher lesen für die Schwierigkeiten, die uns anwachsend begegnen, auf die alltägliche Realität unserer Erfahrung und Verständnisfähigkeit zu beziehen, was in den autonom gewordenen Regionen von Wissenschaft und Künsten, Technik, Wirtschaft und Politik, Bildungssystem und Glaubensinstitutionen ›realisiert‹ und dem lebensweltlich verfaßten wie lebenszeitlich beschränkten Subjekt ›angeboten‹ wird, um es schlichtweg begreifen zu lassen, in welchem Maße es unabdingbar schon ›dazu gehört‹.

Wiederum scheint die Formel einer *Welt von Welten* das Erfordernis zu bestimmen, das sich angesichts solchen ›Weltzerfalls‹, solcher Schwierigkeiten mit dem Wirklichkeitsbegriff stellt. Dabei wird man nie sicher sein können, ob die immanenten Prozesse in den an unserer Lebenskonstitution beteiligten ›Sonderwelten‹ je einen Reifegrad erreicht haben, der ihre Integrationsfähigkeit – oder zumindest: ihre deskriptive Konfrontationsfähigkeit – gewährleistet. Es mag auf viele Experimente ankommen. Und auf viele Anstrengungen, die Divergenz im Weltbegriff präziser zu erfassen, einleuchtender zu beschreiben.

Dazu gehört auch und sogar zentral die Geduld mit dem Anspruch, der sich unter dem Titel ›Lebenswelt‹ stellt. Daß manchem dies als eine Wiederkehr der alten ›Natur‹ und ihrer ›Natürlichkeit‹ erscheinen will, liegt am Nachdrängen normativer Bedürfnisse, finalistischer Erwartungen, reduktiver Optionen, die sich bei jedem Ansatz zu philosophischen ›Fundamentalismen‹ einstellen. Die Gefahren, die im Zugriff von ›Synthesen‹ lauern und sich gern im Überschwang bloßer Analogiebildungen verbergen, verstärken sich im Maße der Abblendung des geschichtlichen Horizonts, der artifiziellen Herstellung einer naiven Nur-Gegenwärtigkeit, der blanken Relevanzforderungen. Die Prägung Husserls von 1924, unverkennbar ein Stück verspäteter ›Lebensphilosophie‹ in Abkehr vom Neukantianismus, wurde zum Späterfolg der Phänomenologie, und die Väter ihrer Wiedergeburt drängen sich.

Dabei sind solche Kombinationen mit ›Leben‹ ebenso Kennzeichen uneingelöster, vielleicht uneinlösbarer, Ansprüche an die Philosophie, wie Bestandsstücke des Repertoires ihrer Rhetorik, mit der sie Erfüllungen suggeriert. Das ist auf dem Felde großer Vergeblichkeiten nicht nur verwerflich. Es ist auch Überlebenskunst dieser Denkungsart gegenüber ihren Totsagungen, nicht nur und erst infolge Versagens, sondern unter der Last des Nachweises der Unbeantwortbarkeit ihrer Fragen, die ohne weiteres identisch sein sollte mit deren Eliminierbarkeit. Rhetorik ist ein Verhalten angesichts von Ungeduld; verständlicher Ungeduld übrigens, denn wer könnte sich leisten, die Antworten künftigen Generationen zu überlassen, wenn sie so tief ihn selbst betreffen wie eben die auf die großen Fragen? Zur Rhetorik von ›Lebenswelt‹ gehört auch, daß sie suggeriert, es sei auf dem Grunde doch noch – und wieder erreichbar – die *eine* Welt, die man nur leben müsse, um in ihr zu leben.

In aller Rhetorik steckt die Gefahr der Selbstüberredung, auch und erst recht in der philosophischen. Zwar ist diese, wenn sie sich ›Leben‹ und ›Lebenswelt‹ zu Instrumenten macht, Bedienungsform intellektueller Ungeduld – oder auch nur Tröstungsmittel rationaler Enttäuschung –, aber als solche doch immer nur vertretbar als Abschirmung jener ›unendlichen Arbeit‹, von der Husserl gesprochen hat, ohne sich und den Phänomenologen seiner Nachfolge für trostbedürftig zu halten (eine Täuschung, wie sich ihm noch zeigen sollte). Recht zur Rhetorik und Verschärfung der Aufmerksamkeit auf ihren reflexiven ›Erfolg‹ dürfen nicht auseinandergerissen werden. Denn Philosophie, zumal in ihren deskriptiven Verfahren als Phänomenologie, ist Disziplin der Aufmerksamkeit. Das war sie schon in ihrem Selbstverständnis als abbauende Arbeit am Universum der ›Vorurteile‹, an den Idolen, Dogmen und Mythen, und das wird sie erst recht als jene *Wissenschaft von den Trivialitäten*, die Husserl sie bereits in den »Logischen Untersuchungen« genannt hat und die sie am Thema ›Lebenswelt‹ in seinem strikten Rigorismus, verwiesen aufs *Universum der Selbstverständlichkeit*, vollends werden sollte.

Jede Wissenschaft darf es sich leisten, ja wird es im Dienste ihrer Geltung und Förderungswürdigkeit nicht vermeiden können, gelegentlich Überraschendes mitzuteilen. Die Philosophie hat diesen Vorzug oder diese Last nicht. Im Gegenteil: Niemand darf überrascht sein zu erfahren, was sie zu sagen hat. Ihr ›Effekt‹ hat die milde Nachsicht zu sein mit dem, der sagt, was man beinahe selbst hätte sagen können – auch die Nachsicht mit sich selbst, daß man nur gerade übersehen hat, was sich bei ein wenig größerer Intensität des Hinsehens hätte sehen lassen müssen. Darin hat sie auch keine Sonderstellung unter den Wissenschaften. Jeder weiß, was man nicht sieht, wenn man ein Präparat unterm Mikroskop hat, eine gezackte Kurve betrachtet, die ein Meßgerät aufgezeichnet hat, die Reproduktion ohne den Text des Kunsthistorikers, das Gedicht ohne die Monographie der Literaturwissenschaft, den Gesetzesparagraphen ohne den Kommentar des Juristen. Dienst an der Schärfung der Wahrnehmungsfähigkeit im weitesten Sinne ist das, was die Philosophie gemein hat und was sie gemein macht mit allen ›positiven‹ Disziplinen. Nur daß allein sie kein anderes Verfahren hat, ihre ›Phänomene‹ zu konservieren, als sie zu beschreiben. Sogar wenn sie ihre eigene Geschichte schreibt, beschreibt sie das Hervortreten ihrer ›Phänomene‹, für die es keine andere Präparation gibt als eben diese Geschichte. Und wie das geschieht, ist wiederum eines ihrer ›Phänomene‹.

Deshalb wird es eine Phänomenologie der Geschichte geben, zu der einige Anläufe in den wenigen Arbeitsproben dieses Bändchens bemerkbar sein sollten.

Lebenswelt und Technisierung unter Aspekten der Phänomenologie

In dem zweiten seiner drei Essays über Leonardo da Vinci von 1919 macht Paul Valéry einen seiner zahlreichen offenen oder, noch häufiger, versteckten Ausfälle gegen Pascal; er setzt seinen Helden Leonardo ab gegen die dunkle Folie eines Denkers, der ohne Gefühl für die Kunst und nur besessen vom Risiko der Wette auf das Absolute gewesen sei und dem die Natur nichts anderes als der gähnende Abgrund des Unendlichen am Wege zu seinem Heil war. Von dem Denker und Techniker Leonardo kann er dagegen sagen: »Pas d'abîme ouvert à sa droite. Un abîme le ferait songer à un pont.«

Das ist eine der prägnantesten Formulierungen für den ganz elementaren Sachverhalt, daß es für das Verständnis des neuzeitlichen Phänomens der Technisierung nicht mit der gängigen Antithese von Natur und Technik getan ist, sondern daß im Verhältnis des neuzeitlichen Menschen zur Welt bereits auf der Basis der Anschauung des Gegebenen eine Differenzierung auftritt, in der die Entschiedenheit des Zeitalters vorgegeben ist. Das Bild des Abgrundes gibt dafür die Metapher: das Auge vom Typus dessen Pascals wird durch die Vertikale im Bild fixiert, die dunkle Unergründlichkeit des Abgrundes bannt den Blick nur deshalb, um das Denken ganz für die Chance der entgegengesetzten Richtung, der Transzendenz, entschlossen zu machen; ein Auge, wie das Leonardos, nimmt spontan die Horizontale im Bilde wahr, die Chance, die beiden Ränder des Abgrundes zu verbinden und das Hindernis zu überbrücken oder in der Leere des Abgrundes den Spielraum für die Erprobung eines mechanischen Vogels zu erblicken. Es gibt nicht nur die Natur, die sich der Technik widersetzt, von ihr zerstört und mißbraucht wird, die die ungeheure Vergeblichkeit der Anstrengungen des Menschen an sich abgleiten und im ständigen Zerschellen seiner Werkzeuge fühlbar werden läßt; sondern es gibt auch die Natur, die wie ein Schrei nach dem Zügel und Zaum des Menschen ist, nach seinen Wegen und Brücken, nach seinen Greifern und Räumgeräten, nach seinen Spielzeugen und nach seiner Konsumlust.

Die Herausforderung, die der neuzeitliche Blick auf die Natur wahrnimmt, hat nichts mehr zu tun mit dem Gedanken, die Natur sei gleichsam für den Menschen vorbereitet, auf seine Bedürfnisse hin disponiert oder sie enthalte doch zumindest das ökonomische Minimum für seine Existenz. Für das Staunen vor der jedes Wesen berücksichtigenden Ordnung, das die Griechen unter dem Titel ihres Kosmos so ausdrücklich als das Motiv für die Erweckung der philosophischen Grundfragen benannt haben, ist weder bei Leonardo noch bei Pascal Raum. Weder der Enthusiasmus vor dem Unendlichen im Stile des Giordano Bruno noch Pascals Erschrecken vor diesem Abgrund enthalten etwas von der Beruhigung zur reinen theoretischen Anschauung, die der Kosmos der Griechen gewährte. Wenn Leonardo nach dem zitierten Ausspruch Valérys angesichts eines Abgrundes an eine Brücke gedacht hätte, so hätte auch er die Stufe des Zurückschreckens nur übersprungen und hinter sich gelassen, aber nicht ausgelassen. Der Akt der Selbstbehauptung, der sich dem Sog des Abgrundes nicht erst aussetzt, bringt ihn doch auch nicht zum Verschwinden. Das Denken von festem Punkt zu festem Punkt, das nicht weniger den Sprung einschließt als das sich der Transzendenz überliefernde, zieht seine Notwendigkeit, seine Energie gerade aus dem Unbehagen an seinen nicht zu schließenden Diskontinuitäten. Soweit die Neuzeit philosophische Probleme eigener Prägung überhaupt sich gestellt sieht, erwachsen sie aus dem Unbehagen, aus Lockes ›uneasiness‹, nicht mehr aus dem Erstaunen. Deshalb ist das Problem der Technik ein so charakteristisches Element neuzeitlichen, gegenwärtigen Denkens, obwohl das Problem der Technik noch kaum von den Problemen der Technik (einmal im genitivus obiectivus, einmal im genitivus subiectivus gesprochen) sauber isoliert worden ist. Wir sind zwar mit Ontologien, Theologien und vor allem Dämonologien der Technik reich bedacht; aber gerade das hat schnell den Überdruß erweckt, nach dem man das Wort »Technik« nur noch aus dem Munde des Technikers hören möchte. Die Produktivität des philosophischen Betriebes wirkt so ihrerseits mit, jenes Unbehagen ständig zu erzeugen, aus dem Philosophie sich neuerdings nährt.

Unter der Masse des Geredeten und Gedruckten, in der nichts ungesagt geblieben zu sein scheint, mag sich das Problem der Technik verborgen haben, denn im zuviel Befragten entzieht sich das Fragwürdige viel gründlicher als im noch Unbefragten, als das die Griechen die Welt vorgefunden hatten. Immer wenn die Philosophie zu bereitwillig glaubte, an der Lösung ihrer Probleme zu sein, mußte sie die fruchtbare Enttäuschung hinnehmen zu erfahren, daß sie diese Probleme selbst noch nicht entdeckt bzw. für zu selbstverständlich gestellt gehalten hatte. Ordnungsrufe haben in dieser Situation immer trivial, lästig, einfältig, störend für das vermeintlich im Zuge Befindliche geklungen. So etwa am Anfang unseres Jahrhunderts der Ordnungsruf Edmund Husserls »Zu den Sachen selbst!«. Die Philosophie, im vollen Zuge der Kritik an allem anderen, wurde wieder einmal zur Kritik ihres eigenen Gegenstandsbezuges zurückgerufen. Das knappe Jahrhundert einer sich so benennenden Philosophie der Technik, das seit dem Erscheinen von Ernst Kapps *Grundlinien einer Philosophie der Technik. Zur Entstehungsgeschichte der Cultur aus neuen Gesichtspunkten* (1877) vergangen ist, hat eine genügend verdächtige Selbstverständlichkeit dessen geschaffen, daß wir wüßten, was im Falle der Technik »die Sache selbst« sei; diese Bestimmung der Sache selbst liegt in der konsequenten Entfaltung des Mottos, das Kapp seinem Buche vorangestellt hatte: »Die ganze Menschengeschichte, genau geprüft, löst sich zuletzt in die Geschichte der Erfindung besserer Werkzeuge auf.«

Dementsprechend ruft uns der Begriff »Technik« eine bunte Vorstellungsreihe ins Bewußtsein: Apparate, Vehikel, Antriebs- und Speicherungsaggregate, Instrumente manueller und automatischer Funktion, Leitungen, Schalter, Signale usw. – ein Universum von Dingen also, die um uns herum funktionieren, deren vollständige Klassifizierung oft und wenig befriedigend versucht worden ist, deren im Begriff »Technik« gemeintes Einheitsmoment nicht erfaßbar zu sein scheint und darum nominalistisch unfragwürdig gemacht ist. Mit entsprechender begrifflicher Genügsamkeit läßt sich dann »Technisierung« als die ständige Vermehrung und Verdichtung dieser Dingwelt verstehen.

I

Aber wo liegt das »Problem« der Technik? Wo kann es liegen, da doch jedes dieser technischen Dinge, deren Existenz auf Konstruktion beruht, kein anderes Problem als das wiederum technische seiner Verbesserung oder Überflüssigmachung stellt und im übrigen als Gegebenheit im Hinblick auf die prinzipielle Einsehbarkeit seines Konstruktionsplanes problemfrei ist. Der Betrachter eines Baumes steht vor einer unabsehbaren und, wie wir heute glauben müssen, unerschöpflichen theoretischen Dimension; der Betrachter einer Lokomotive hat ein Ding vor sich, dessen sämtliche Daten in den Konstruktionsbüros einer Fabrik aufbewahrt werden.

Das Problem der Technik scheint aus der Summierung jener Probleme zu resultieren, die mit den *Neben*wirkungen technischer Leistungen zusammenhängen: der Verkehrsunfall, der Lärm der Maschinen, die Abgase, Abfälle, Abwässer der industriellen Anlagen, das von den Maschinen unserer Arbeit aufgenötigte Tempo und die Abweichung von den natürlichen Lebensrhythmen einschließlich der Monotonisierung der industriellen Arbeit usw. Bei dieser Bestimmung des Problems haben die Optimisten der Technik leichtes Spiel, denn das alles sind schließlich immanent-technische Probleme, die oft von der Technik schon gelöst sind, deren Lösungen jedoch ökonomisch noch nicht rentabel oder im Hinblick auf soziales Prestige reizlos sind und daher nicht realisiert wurden. Diese Art von Problematik kann das Problem der Technik nicht hergeben, weil sie schließlich darin aufgeht, sehen zu lassen, daß die Sphäre der technischen Dinge und Leistungen noch zu wenig technisch ist, noch hinter ihrem eigenen Prinzip zurücksteht. Als 1936 Chaplins grausame Filmsatire *Modern Times* dem Unbehagen an der Technik die drastischsten Bilder von der Dienstbarkeit des Menschen an den Mechanismen lieferte, wußte jeder technisch Verständige seit langem, daß der mit seinem Schraubenschlüssel dem Fließband verzweifelt nacheilende Roboter technisch gesehen bereits eine fossile Erscheinung war, deren Existenz bzw. Fortexistenz in anderen als technischen Zusammenhängen begründet war. Ein Denken, das in dieser Richtung auf die Technik oder gegen die Technik reagieren zu können glaubt, wird sich sehr schnell vor der Konsequenz finden, die *Vollstreckung* des Prinzips der Technizität, statt seiner Einschränkung und Überwindung, fordern zu müssen. Es war zuerst und an einer sehr bedeutsamen Stelle ROUSSEAU, der aus der Einsicht in die Nichtumkehrbarkeit der Geschichte seine Kritik am Gesellschaftszustand seiner Zeit mit dem Postulat der totalen Vollstreckung des in diesem Zustand wirksamen Prinzips verbunden hatte;[1] gegen seinen Kritiker Diderot gewandt, fordert er nicht die Rückkehr zur Natur, sondern den konsequenten Durchvollzug der Künstlichkeit im Gefüge der menschlichen Vergesellschaftung: »Montrons-lui, dans l'art perfectionné, la réparation des maux que l'art commencé fit à la nature [...].«

Hier zeigt sich, wie der Historismus durch seine Einsicht in die Irreversibilität der Geschichte mit der Kultur- und Gesellschaftskritik zusammen die Dynamik der inneren Tendenzen der Neuzeit gesteigert hat und noch heute steigert, auch in bezug auf das die Technisierung tragende Bewußtsein.

Aber mit dieser Kritik an einem verfehlten Ansatz des Problems wissen wir noch nicht mehr von unserer »Sache selbst«. Der Blick auf die Sache selbst ist uns weithin verstellt durch die Herrschaft der schon erwähnten Antithese von Technik und Natur oder, noch etwas vorläufiger gesagt, durch die Assoziierung dieser beiden Begriffe in unserer Tradition seit den Griechen.[2] In dieser Koppelung hat der Begriff Technik den begriffsgeschichtlichen Wandel mitgemacht, den der Begriff Natur von einem Begriff des erzeugenden Prinzips von Gegenständen zu einem Inbegriff der erzeugten Gegenstände selbst, also von der Akzentuierung der *natura naturans* zur Betonung der *natura naturata*, erfahren hat: was die Griechen unter ihrer τέχνη verstanden hatten, waren primär diejenigen Fertigkeiten und Geschicklichkeiten, die bestimmte Leistungen und Produkte hervorzubringen vermochten und die man im Absehen und Nachmachen erlernen konnte, so wie man heute noch eine »Technik« – im Sport etwa – erlernen kann. Daß man eine Technik in diesem Sinne erlernen konnte, daß man sich auf die Sache verstehen konnte, ohne die Sache selbst zu verstehen und die Notwendigkeit der Verrichtung auf das Wesen dieser Sache zurückführen zu können, unterschied das technische Sich-Verstehen-auf von dem theoretisch-wissenschaftlichen Verhältnis zum Gegenstand; aber letztlich mußte die Tradition des Erlernens und Nachmachens doch zurückgehen auf einen, der die

Fertigkeit aus der Einsicht ein für allemal gewonnen hatte, der das der Sache Angemessene aus der Erkenntnis dieser Sache zu entwickeln gewußt hatte, so daß doch Technik und Wissen, Fertigkeit und Einsicht in der Wurzel zusammenliefen und im Grunde ein und dasselbe waren.

Die Trennung von Sachverstand und Sachbeherrschung wurde den Griechen als eine große Möglichkeit, als Angebot und Versuch zugleich, vorgeführt durch die von der *Sophistik* repräsentierte Einstellung. In der zweiten Hälfte des 5. Jahrhunderts wurde der Typus der freigesetzten und isolierten »Technik« zum ersten Male dargestellt, und zwar auf dem Felde der Politik und des Rechtswesens. Das sophistische Angebot versprach eine Ausbildung, nach der man nur noch zu wissen brauchte, *wie* man es macht, die die Handgriffe und Kunstregeln beherrschen lehrte, die zu einem beliebigen Ziele zu führen vermochten unter Absehung von jeder Einsicht in Recht, Grund und sachliche Notwendigkeit der übermittelten Formulare. Unsere ganze Tradition ist durch den wirksamen Widerstand bestimmt worden, der mit Sokrates aus dem Schoße der Sophistik selbst sich gegen diese stellte und die Forderung formulierte, alles Können stets im Horizont des Erkennens zu halten, alle Geschicklichkeit nicht aus der sie begründenden Einsicht zu entlassen, alle Richtigkeit durch dic Frage nach der Rechtlichkeit normieren zu lassen. Die Philosophie hat ihre klassische Höhe in der Antike nicht nur durch ihre Absetzung von der Rhetorik erreicht, sondern damit auch in ihre Fundamente diejenigen begrifflichen Festlegungen aufgenommen, mit denen die Rhetorik als eine auf das Seiende, als das Wahre und Gute, unbezogene bloße Technik fernerhin ins Unrecht gesetzt werden konnte. Es war nicht nur der Vorrang der theoretischen Anschauung als der menschlichen Vernunft angemessenen Haltung, sondern noch mehr der Vorrang eines vom Menschen unberührten und unberührbaren

Gegenstandsbereiches, der alles Technische und. Künstliche dem Natürlichen entgegensetzte und jenem nur in der Herkunft von diesem, also in der Mimesis, Sinnhaftigkeit zubilligte. Die Trennung von Philosophie und Rhetorik, von Theorie und Technik, von *scientia* und *ars* hat sich freilich gerade dann nicht bewährt, wenn die Philosophie mit ihrem an sich selbst gestellten absoluten Anspruch am Ende ihrer Möglichkeiten zu sein schien, wie in der Spätantike und im ausgehenden Mittelalter; immer dann verselbständigten sich die *artes*, zogen den Namen der Philosophie auf sich und demonstrierten, was alles der Mensch kann, ohne jeweils bis ins Letzte zu wissen, warum er es kann. Die am Ende beider Zeitalter mit ihren Mitteln in der Skepsis einerseits, in der Mystik andererseits ans Ende gekommene Philosophie gibt dem um seine Rechtfertigung unbesorgten Können den Weg frei, und in beiden Fällen finden wir belegt, daß der Ingenieur ebenso wie der Geometer mit dem Namen *philosophus* belegt erscheint.[3] Es war zum Schicksal der Philosophie geworden, die Selbstbehauptung ihrer Substanz nur *gegen* die »Technik« im weitesten Sinne leisten zu können.

Auf diesen geschichtlichen Voraussetzungen beruht die gegenseitige Bedingtheit der traditionellen Fragestellungen sowohl nach der Natur als auch nach Kunst und Technik (die beide aus der gemeinsamen Begriffswurzel des »Künstlichen« herkommen). So kann es zur Frage nach der »natürlichen Natur« kommen, und zwar auf der Suche nach einer normativen Orientierung für die ursprüngliche Bestimmung und Einordnung des menschlichen Daseins in der Welt. Das Künstliche erscheint dabei als eine Überlagerung der Grundschicht des Natürlichen und kann durch ein Verfahren der »Subtraktion« wieder freigelegt werden. LUKREZ hat im 5. Buch seines Lehrgedichtes *De rerum natura* die nachhaltig auf alle neuzeitlichen Formen der Kulturkritik wirksame Vorstellung von einem vortechnischen Daseinsstatus des Menschen entwickelt, der durch die spontanen Erfindungen des Menschen zum Kulturzustand verfälscht und entstellt worden ist. Die authentische Reihe der *inventiones* von der menschlichen Urleistung der Erzeugung und Hegung des Feuers über die Erfindung des Pfluges, des Ackerbaues, der Bekleidung und der Wohnung, der Vergesellschaftungsformen, Sitten und Gesetze, der Ehe, der Sprache, des Eigentums und der Religion ist in der weiteren Tradition und Variation dieses Schemas immer wieder in charakteristischer Weise umgebildet worden. Trägt man diese Kulturschicht ab, so tritt der Urmensch des Lukrez zutage, der noch nicht als aus dem Tierreich hervorgehend gedacht, sondern von Anfang an spezifisch menschlich ist, aber ein Mensch, der dennoch die Lebensform der Tiere hat: »vitam tractabant more ferarum« (V,932). Und das sollte sagen, der Mensch sei seiner ursprünglichen und verbindlichen Natur nach ein atechnisches Wesen, aufgehend in der dumpfen Nutznießung des von der natürlichen Umwelt Gebotenen und damit ohne ungestillte Bedürfnisse, ohne Staunen und Furcht, ohne Fragen. Irgendwann muß es nach diesem Schema zu einer Deviation gekommen sein, zu jener Ursünde, in der der Mensch die Selbstgestaltung seines Daseins unabhängig von der Vorgegebenheit der Natur machen und sich selbst zum anspruchsvollen und befragenden Gegenspieler des Gegebenen erheben wollte. Lukrez sieht das sogleich als einen Akt der Selbstermächtigung des Menschen gegenüber der Natur: »homines voluerunt se [...] potentes« (V,1120). Als der Mensch begann, seine Welt mit den *novae res*, den Neuerungen seiner Erfindungskraft, anzufüllen, begann er nicht, seine natürliche Anlage zu vollstrecken und zu aktualisieren, sondern er hörte damit auf, das wesenhaft ausgereifte und weltfähige Naturgeschöpf in seiner ursprünglichen Ausgewogenheit zu sein. Was in diesem Schema an kulturkritischer Potenz steckt, ist auf den ersten

Blick erkennbar; diese Potenz voll auszuschöpfen, blieb Rousseau vorbehalten, insbesondere wohl deshalb, weil er die bei Lukrez noch unverstehbare Tatsächlichkeit des menschlichen Willens zum Überflüssigen assoziierte mit der durch das Christentum bewußtseinseigen gewordenen Vorstellung vom Sündenfall und vom Verlust des Paradieses. Dieses höchst virulente Amalgam hat das zwiespältige Verhältnis des modernen Menschen zu seiner technischen Kulturwelt nachhaltig bestimmt. Aber es diente mehr zur Orientierung der Wertung als des Verstehens. Denn trotz der durchscheinenden Vertrautheit des Sündenfallmotivs blieb gerade der Übergang aus der Selbstgenügsamkeit des Naturzustandes in das Luxurieren des Erfinderischen unverstehbar oder nur vermeintlich verstanden, also im Grunde jene *fortuna*, die bei Lukrez aus dem Atomwirbel eine Welt entstehen ließ (V,960). Daß es um das Problem dieses *Überganges* aber gerade geht, meinen wir damit anzuzeigen, daß wir von »Technisierung« als einem Prozeß, nicht von Technik als einem Gegenstandsbereich, zu sprechen beabsichtigen.

Dieses Problem bleibt natürlich verdeckt, wenn man es als ein frageloses Ergebnis der philosophischen oder biologischen Anthropologie übernimmt, daß der Mensch als in der Natur vorkommendes und durch seine Produkte bezeugtes Wesen überhaupt nur dadurch in seiner Erkennbarkeit definiert werden könne, daß er Feuer und Werkzeuge gebraucht und deren Spuren hinterläßt, also von vornherein und kraft seiner Definition ein *homo faber* sei. Weder die Antithese von Natur und Technik, wobei »Natur« als Differenz aus der Subtraktion der Kulturschicht resultiert, noch die Voraussetzung von der »natürlichen« Technizität des Menschen führt an das Problem heran, das in der Technisierung als einem spontan in der Geschichte einsetzenden Prozeß besteht, der in keiner verstehbaren Beziehung zur Natur des Menschen mehr zu stehen scheint, sondern im Gegenteil rücksichtslos die Anpassung dieser seinen Anforderungen gegenüber mangelhaften Natur erzwingt.

II

Es liegt methodisch nahe, die Wege der alten, von Vorgegebenheiten der metaphysischen Anthropologie bestimmten Fragestellungen dadurch zu verlassen, daß man die Forderung einer phänomenologischen Betrachtungsweise zur Geltung kommen läßt, die auch bei diesem Problem eine Philosophie des unbefangenen Anfangens einleiten will. Mögen wir uns seit Descartes auch noch so sehr dessen bewußt geworden sein, daß der reine und geschichtslose Anfang nie gegeben war und nicht vollziehbar ist, so bleibt doch die Verbindlichkeit dieses Anspruches der Unbefangenheit als uns ständig beanspruchende Idee bestehen.

Es wäre also zu fragen, ob die uns vorliegende Phänomenologie, in der methodischen Gestalt, die EDMUND HUSSERL ihr gegeben hat, einen Ansatz für das Problem der Technisierung bietet, und zwar – der Radikalität dieses Problems entsprechend – im Bereich der ganz elementaren phänomenologischen Analyse. Husserl selbst hat uns in seinem zwischen 1934 und 1937 entstandenen Spätwerk *Die Krisis der europäischen Wissenschaften und die transzendentale Phänomenologie* unübersehbare Hinweise darauf gegeben, daß zumindest er selbst die Errungenschaften seiner Methode für dieses Problem als fruchtbar erachtete, indem er die Einsichten des eidetischen und transzendentalen Verfahrens der Phänomenologie zum erstenmal auf die Ebene der historischen Genesis unserer geistigen Welt projizierte. Dabei diente Husserl die Sphäre der historischen Fakten nur als Symptomschicht für die Erschließung verborgener Sinnzusammenhänge, die sich für ihn schließlich zu einer Vorstellung von der Zielstrebigkeit der europäischen Geschichte formieren sollten. Ich stelle nicht für einen Augenblick in Abrede, daß eine solche *Teleologie* die Zuständigkeit der strengen phänomenologischen Deskription und Analyse überschreitet und das Recht der Vermutung für sich in Anspruch nimmt, die freilich allen Zweifeln gegenüber offensteht. Aber Spekulation ist nicht Willkür der Fiktionen; sie hat ihre eigene Art der Rechtfertigung und ihre spezifische Vorsicht der Anwendung. Ich möchte zunächst verständlich machen, in welchem Konsequenzverhältnis diese Altersspekulation Husserls zum frühen Einsatz der Phänomenologie steht.[4]

Die Phänomenologie möchte *beschreiben*, was uns gegeben ist und wie es uns gegeben ist; und sie stößt dabei, als auf das Nächstgegebene, auf den schlichten Sachverhalt, daß unser Bewußtsein überhaupt nur darin besteht, daß ihm etwas gegeben ist, daß es eben etwas bewußt hat. Für diesen trivial erscheinenden Sachverhalt hat Husserl von Brentano den Begriff der *Intentionalität* übernommen. Mit diesem Ausdruck hatte sich die Phänomenologie gegen eine atomistische Auffassung des Bewußtseins abgesetzt, die die Gegenstände als Assoziationen von Daten im Strom des Bewußtseins interpretiert hatte. Als wesentlich wurde jetzt herausgehoben, daß alles Bewußtsein seine Gegenstände nicht nur »hat«, sondern daß es immer in der Intention auf die je mögliche volle Gegebenheit seiner Gegenstände steht. Das Bewußtsein ist eine sinnvoll gerichtete Leistungsstruktur, durchwirkt von einer unablässigen Zielstrebigkeit, die von der leeren Vermeinung in der bloßen Appellation eines Namens sich hinspannt auf die erfüllte und keine Möglichkeit der Bestimmung noch offenlassende *Anschauung*. Das alltäglich-praktische Leben unterbricht zwar ständig den Vollzug solcher Erfüllung des Gegenständlichen und begnügt sich notgedrungen mit Anschauungsfragmenten, mit dem Hindeuten und Nennen, mit der Formel und dem Zeichen; aber der theoretische Anspruch, nur einmal sich selbst überlassen und unbeirrt in Kraft gesetzt, durchläuft die Fülle der dem Gegenstand gegenüber einnehmbaren Perspektiven. Das Bewußtsein genügt sich nie in einem statischen Vorsichhaben, sondern es hat immer seine Richtung, die in inneren erschließbaren Zusammenhängen des Gegenstandes vorgezeichnet ist. Gegenstände sind nicht Konglomerate von Bewußtseinsinhalten, sondern deren »ursprüngliche Identifizierbarkeit«, ihre Zuordnung zu je einem »Identitätspol«.[5]

Es läßt sich leicht sehen, daß Husserl der mechanistischen Auffassung des Bewußtseins in der Psychologie des ausgehenden 19. Jahrhunderts eine Deutung der Bewußtseinsphänomene entgegengestellt hat, die schon im Ansatz auf eine Teleologie des Bewußtseins hinausläuft. Diese Konsequenz hat sich Husserl selbst erst sehr spät gezeigt, sie wird aber dem durch das Alterswerk geschärften Blick spätestens in der Ausweitung der Problematik des Gegenstandes zur Problematik des Gegenstandshorizontes faßbar. Im Gegenstands*horizont* wiederholt sich jene Struktur ursprünglicher Zuordnungen und unter sich verweisender Zusammenhänge, die Husserl zunächst in der Struktur der sich erfüllenden Anschauung des Gegenstandes aufgedeckt hatte. Der »Innenverweisung«, der die Bewegung der Gegenstandserfahrung folgt, entspricht die im Horizont der Gegenstände orientierende »Außenverweisung«, die auf einer im aktualen Gegebensein immer mitenthaltenen Typik des Fortganges der Erfahrung beruht. Diese Verweisungsstruktur setzt zwar die bruchlose und widerspruchsfreie Einstimmigkeit des Gegebenen voraus, die Husserl auch die »universale Normalstimmigkeit« der Erfahrung nennt und in der es fundiert ist, daß wir das uns Gegebene als Wirklichkeit bewerten und uns gelten lassen: aber die Horizontstruktur ist mehr als die Einheit dieser negativen Bestimmung, sie ist so etwas wie eine morphologische Bestimmtheit (VI,464). Die Intentionalität des Bewußtseins erfüllt sich in letzter Instanz in dem umfassendsten Horizont aller Horizonte, in der »Welt« als der regulierenden Polidee aller möglichen Erfahrung, dem System, das alle Möglichkeiten der Erfahrung in letzter Einstimmigkeit hält und innerhalb dessen sich die Erfahrungsgegebenheiten erst als reale bestätigen können (VI,283). So wie Husserl in seinen frühesten Analysen die Sinnesdaten des Sensualismus als von dem gegenständlichen Untergrunde nicht abtrennbare Merkmale beschrieben hatte, die nur durch einen als »Pointierung«[6] bezeichneten Akt vergegenständlicht worden seien, so wird in der »Welt« als dem Horizont aller Horizonte das Gegenständliche seinerseits in einem der Pointierung analogen Akt isoliert und herausgehoben. Auch »Natur« – und darauf kommt es im Zusammenhang unseres Themas nun an – ist das Ergebnis solcher Pointierung, ist also ein abgeleiteter und mit *Welt* nicht gleichursprünglicher, schon verengter Gegenstandshorizont. *Natur*, das deutet sich hier schon an, kann nicht der Gegenbegriff der Technik sein, weil im Naturbegriff selbst schon eine Verformung und eben Pointierung der ursprünglichen Weltstruktur vorliegt.

Entscheidend ist aber nun, daß Husserl in seinem Spätwerk den in der Intentionalität des Bewußtseins gefundenen Ansatz auf die *Geschichte* ausdehnt. Hier erst bekommt die Horizontstruktur ihren vollen Sinn: das in aller Erfahrung Mitgegenwärtige kann nun die Erinnerung einer ganzen Kulturgemeinschaft sein, ihr Traditionsbesitz, aber auch ihre in die Zukunft gerichteten Erwartungen, die von einem ganz bestimmt geprägten Möglichkeitsbewußtsein abhängig sind. Wenn schon der frühe Husserl der *Logischen Untersuchungen* an der Dingwahrnehmung gezeigt hatte, wie sich aus den »Partialintentionen« eine diese durchziehende »Gesamtintention« integriert, so gewinnt dieses Schema für ihn erst am Gegenstand der Geschichte seine ganze erhellende Mächtigkeit. Vor dem Auge des Phänomenologen verliert die Geschichte den Schein der Faktizität: daß der Mensch Geschichte hat, kann ihm nur bedeuten, daß er auch im Zuge der Generationen und Epochen bei dem bleibt, was in der Grundstruktur des Bewußtseins unausschlagbar angelegt ist, also bei der Vollstreckung der Intentionalität. In einer schon 1939 von Eugen Fink veröffentlichten Niederschrift aus dem Jahre 1936 (VI,365 ff.) hat Husserl an dem freilich seiner Absicht sehr gemäßen Beispiel der Geschichte der Geometrie die Differenz zwischen einer bloßen Tatsachenhistorie und *seiner* Form der Betrachtung der Geschichte als einer »inneren Sinnesstruktur« herausgestellt: »Alle Tatsachenhistorie verbleibt in Unverständlichkeit, weil sie, immer nur naiv geradehin von Tatsachen schließend, den allgemeinen Sinnesboden, auf dem solche Schlüsse insgesamt beruhen, nie thematisch macht, nie das gewaltige strukturelle Apriori, das ihm zueigen ist, erforscht hat« (VI,380).

Die hier geforderte »innere Historie« darf nicht nur, sondern sie muß tendieren nach der »höchsten Frage einer universalen Teleologie der Vernunft« (VI,386). Der Gegenstand »Geschichte« erfährt damit in der letzten Konsequenz der Phänomenologie folgende Bestimmung: »Geschichte ist von vornherein nichts anderes als die lebendige Bewegung des Miteinander und Ineinander von ursprünglicher Sinnbildung und Sinnsedimentierung« (VI,380).

Aber diese Bestimmung der Geschichte ist nicht nur eine Frage ihrer wissenschaftlich-theoretischen Bewältigung, sondern es ist zugleich die Bestimmung der allen in der Geschichte lebenden und sie mitvollziehenden Subjekten aufgegebenen Selbstbestimmung und Selbstverantwortung, der Selbstbestimmung zu ihrer Funktion in der Geschichte. Es wird sich nun zeigen, daß das Problem der Technik wesentlich mit der *Verantwortung* der Geschichte durch den Menschen zu tun hat, und zwar noch bevor fühlbar und eindrucksvoll werden konnte, daß die Technik real das Dasein des Menschen bestimmt, ja über seine Möglichkeit entscheidet.

III

In Husserls Auffassung von der Geschichte gibt es ein eigentümliches Stück cartesischen Erbes: Geschichte, als der von ihm gesehene Prozeß der Sinnbegründung und Sinnentfaltung, hat einen *Anfang*. Das ist keineswegs selbstverständlich, wenn wir bedenken, daß der Einzelne sich immer schon »umschlossen« von Geschichte vorfindet und daß wir daher von einem solchen Anfang keine Erfahrung haben können. Für den mit DESCARTES Vertrauten ist freilich ein Modell gegeben in dem Entschluß des so lange als Begründer der Neuzeit geltenden Denkers, ein einziges Mal in seinem Leben und damit ein für allemal mit dem Geschäft der Erkenntnis ganz von vorn und von Grund auf zu beginnen. Wir brauchen hier nicht in eine Diskussion der Frage nach dem Cartesianismus Husserls einzutreten,[7] um doch unzweifelhaft wahrzunehmen, welchen nachhaltigen Eindruck jener Entschluß des Descartes auf Husserls eigenes Unternehmen gemacht hat. Daher kann es für ihn so etwas wie den cartesischen Entschluß zum radikalen Anfang auch als »Urstiftung« der ganzen europäischen Geistesgeschichte geben: im ersten Ergreifen der theoretischen Einstellung durch die Griechen. Daß hier von einer »Umstellung« gesprochen werden kann, setzt einen Primärzustand voraus, der noch nicht theoretisch geprägt war, sondern von einer »natürlichen, urwüchsigen Einstellung, von der des ursprünglich natürlichen Lebens«; und dieser Zustand entspricht der »ersten ursprünglich natürlichen Form von Kulturen« (VI,327). Die europäische Geschichte entfaltet sich aus einem Entschluß zu einem »festen Stil des Willenslebens des europäischen Menschentums« (VI,326). Dieses Bild des geschichtlichen Anfanges entspricht sicher dem Ethos des Philosophierens und des Menschenbildes, wie es für Husserl verbindlich war; aber in der Entfaltung des Ansatzes der Phänomenologie und ihres Begriffes von der Intentionalität des Bewußtseins ist es eine Inkonsequenz, einen solchen »Anfang« der theoretischen Einstellung anzunehmen und ihm eine heterogene Phase der ursprünglichen Natürlichkeit der menschlichen Welteinstellung vorausgehen zu lassen. Wenn seinem intentionalen Wesen nach das Bewußtsein auf erfüllte Anschauung angelegt ist, dann kann zwar das »Telos der Intentionalität« in seinem letzten Anspruch unerfüllt, ja unerkannt bleiben, verdrängt durch andere Lebensansprüche und Notwendigkeiten, aber es kann nicht als etwas Neues gleichsam erfunden werden, sondern nur aus seiner intentionalen Implikation heraustreten, durchbrechen zur Formulierung und Anerkenntnis als einer »Aufgabenidee«. Wenn das Bewußtsein Intentionalität ist, wenn die Möglichkeit der erfüllten Anschauung, der Evidenz, die Einheit seiner Gegebenheiten bestimmt, dann ist die Vorstellung einer natürlichen, vortheoretischen Urwüchsigkeit eine mythische Fiktion.[8]

Die doppelte Bedeutung der »Lebenswelt« »Husserls als geschichtliche Ausgangsposition der theoretischen Umstellung einerseits und als immer mitgegenwärtige Grundschicht des in aufgestuften Interessen differenzierten Lebens belastet diesen Begriff mit der Gefahr, in eine Reihe gerückt zu werden mit den immer wieder vergeblichen Versuchen, so etwas wie die »natürliche Natur« zu finden und als Norm des ursprünglich und eigentlich geschuldeten Lebens vorzuweisen. Dagegen steht die Definition von *Lebenswelt*, die Husserl gegeben hat, als eines »Universum vorgegebener Selbstverständlichkeiten« (VI,183). »Selbstverständlichkeit« ist aber bei Husserl keineswegs ein positiver Wert, kein Ausdruck von Geborgenheit des Daseins im Festen und Unfragwürdigen. Im Gegenteil: das Selbstverständliche ist der Gegenbegriff zu jener »Selbstverständigung«, die für Husserl die eigentliche Aufgabe einer phänomenologischen Philosophie zu sein hat. Es ist ja nicht nur das Wesen des Selbstverständlichen, daß ihm irgendein Unverstandensein gar nicht zugetraut wird, sondern darüber hinaus, daß es eine schützende Sanktion darstellt, die alle in diesen Bezirk eindringenden Fragen als Vorwitz und Neugierde desavouiert. Von dieser Art ist die Lebenswelt – unabhängig davon, ob sie jetzt als Vorwelt oder als Mitwelt betrachtet wird – als der zu jeder Zeit unerschöpfliche Vorrat des fraglos Vorhandenen, Vertrauten und gerade in diesem Vertrautsein Unbekannten. Alles, was in der Lebenswelt wirklich ist, spielt in das Leben hinein, wird genutzt und verbraucht, gesucht und geflohen, aber es bleibt in seiner *Kontingenz* verdeckt, d.h. nicht als auch-anders-sein-könnend empfunden. Wenn Husserl den Sinn der europäischen Geistesgeschichte darin sieht, »die universale Selbstverständlichkeit des Seins der Welt [...] in eine Verständlichkeit zu verwandeln« (VI,184) und seine Phänomenologie von ihm als Erfüllung dieses Geschichtssinnes ausgegeben wird, und zwar gerade als »Auflösung der Selbstverständlichkeiten [...] in ihre transzendentalen Fraglichkeiten« (VI,187), dann kann eben für ihn die Lebenswelt als das Universum sich behauptender Selbstverständlichkeit keinen Heilssinn haben. Nicht der Abbau der Lebenswelt als solcher kann die europäische Geschichte in ihre neuzeitliche Krise geführt haben; eher wird man Husserl damit gerecht werden, daß man sagt, die Form dieses Abbaues, ihre Illegitimität als eines Raubbaues, habe in die Krise hineingeführt. Nicht die theoretische Umstellung, die das Heraustreten aus der Lebenswelt entschied, sondern die *Inkonsequenz* ihrer Durchführung ließ den Gesamtprozeß kritisch werden. Und ebenso ist Technisierung nicht die Alternative zur Lebenswelt, sondern eben das Sich-Realisieren der Inkonsequenz der theoretischen Umstellung. Wenn wir diese Analyse nun näher ins Auge fassen, so fällt auch Licht auf die ganz selbstverständlich erscheinende Bestimmung der Technik als »angewandter« Wissenschaft; für Husserl ist, wie sich zeigen wird, Technisierung die Erscheinungsform einer sich selbst noch nicht oder nicht mehr durchsichtigen und in ihrem Sinnvollzug verständlichen Wissenschaft. Der Rückgriff auf die Lebenswelt bekommt seine Funktion dann gerade dadurch, daß in der Verdeckung der Selbstverständlichkeit die Vorzeichnung für die angemessenen Zugriffsweisen der Entdeckung gesucht wird. Es gibt bei Husserl keine Unschuld dessen, was er die »natürliche Erfahrung« nennt; vielmehr gilt es, ihre Schuld zu kennen und zu übernehmen, um jenen Schuldigkeiten nachkommen zu können, die uns auferlegt sind; so vollzieht schon die gesamte natürliche Erfahrung »eine Art Abstraktion«, die dann »das philosophische Denken dazu verführt, bloße Abstrakta zu verabsolutieren« (VII,184).

Wenn Husserl das Wesen der neuzeitlichen Naturwissenschaft in einer bestimmten, ihr zugrunde liegenden *Abstraktion* sieht, so ist das also nicht eine späte Verfehlung in der europäischen Geistesgeschichte, sondern nur die späte Konsequenz einer schon in der natürlichen Erfahrung angelegten Verengung der Anschauung. Die Lebenswelt hat also keineswegs die Fülle und Üppigkeit eines mythischen Paradieses und nicht die dazu gehörige Unschuld. Wenn Husserl »die große Aufgabe einer reinen Wesenslehre von der Lebenswelt« sich gestellt sah (VI,144), so ging es dabei nicht um einen durch Idealität ausgezeichneten Gegenstand, sondern um die Gewinnung einer Grenzvorstellung, die der Konstruktion eines geschichtslosen Anfanges der Geschichte, einer atheoretischen »Vorgeschichte«, gerecht werden sollte und damit die Möglichkeit der »Wiederholung« eines radikalen Anfanges im Denken zu legitimieren hatte – im Resultat aber das Gegenteil leistete und nur leisten konnte. Für DESCARTES und BACON war das Problem des »Anfanges« simpler gewesen, eben nach-scholastisch: für sie hatte die ganze Geschichte, die ihnen vorausgegangen war, nur zu einem ungeheuren Ballast von Vorurteilen geführt, der sich mühelos abwerfen ließ und die Aufgabe des voraussetzungslosen Neuaufbaus übrigließ. Dieses Pathos des radikalen Anfanges hatte auch Husserl sich zu eigen gemacht und hatte es verbunden mit der methodischen Forderung der »freien Variation«, für die der Vorstellungskomplex einer Welt ein beliebig hantierbarer und verfügbarer Bestand war. Mit dem Grenzbegriff der Lebenswelt wird die Ungebundenheit der eidetischen *Variation* zurückgeführt auf die Methodik der *Beschreibung*, das »Umphantasieren« auf die »systematische Umschau« (VI,150). Die Lebenswelt war eine Entdeckung auf dem Wege der ständigen Verfeinerung des methodischen Hauptinstrumentes der Phänomenologie, der sogenannten »phänomenologischen *Reduktion*«. Mit dieser Reduktion sollten alle Setzungen ausgeschaltet werden, die sich nicht auf unmittelbare Gegebenheiten des Bewußtseins zurückführen ließen, also vor allem die »Generalthesis« der transzendenten Existenz einer bewußtseinsunabhängigen Welt. Während der Arbeit an der ständigen Schärfung dieses Instrumentes der Reduktion zeigte sich, daß es nicht damit getan war, solche Setzungen »auszuschalten«, sondern daß man sie in ihrer Verwurzelung in den Strukturen des Bewußtseins zu »verstehen« habe. Im Begriff der »Generalthesis« steckt noch die frühe phänomenologische Vorstellung von der möglichen Anfangsposition des Bewußtseins, das so, wie wir es vorfinden, eben voreilig und unbegründet, ohne Notwendigkeit die Doxa der realen Außenwelt gewählt hat, aber genausogut auch auf diese Setzung hätte verzichten oder eine andere hätte wählen können. Das, was zunächst in der Klammer der phänomenologischen Reduktion beiseite gesetzt werden sollte, um das Feld der eidetischen Untersuchungen unabhängig von den faktischen Setzungen des alltäglich-lebendigen Vollzuges freizugeben, füllt sich mehr und mehr mit Bedeutung auf, attrahiert die Aufmerksamkeit der Phänomenologie zunehmend und, vor allem, macht dem Vorrang der Möglichkeit vor der Wirklichkeit, wie er ursprünglich in der Phänomenologie bestand, ein Ende, indem das *Faktum* eines bestimmten Bewußtseinszustandes, nämlich dessen der Lebenswelt, ein einzigartiges Interesse zu beanspruchen beginnt. Die Phänomenologie muß zu ihrer ursprünglichen Aufgabe der Beschreibung zurückkehren, sobald sie auf das Faktum gestoßen ist, obwohl auch dieses ganz der transzendentalen Fragestellung zugeordnet wird. Die Fiktion ist nicht mehr »das Lebenselement der Phänomenologie«, und es gilt nicht mehr, daß »die Freiheit der Wesensforschung notwendig das Operieren in der Phantasie« fordert (III,162 f.). Die Rede von der Intentionalität des Bewußtseins selbst hat es notwendig gemacht, eine Erklärung dafür zu gewinnen, weshalb das Bewußtsein seiner Wesensrichtung nicht bis zur Erfüllung gleichsam automatisch folgt, sondern immer wieder »zur Vernunft gebracht« werden muß. Das »Universum der Selbstverständlichkeit«, von dem Husserl jetzt spricht, ist nicht mehr nur der bloße Kontrastbegriff zu jenem ursprünglich als Inbegriff phänomenologischer Ziele angestrebten »Universum der Erdenklichkeit«.[9] Die Lebenswelt ist eben dasjenige Universum, das nicht aus freier Einstellung gewählt worden ist und gewählt werden kann, sondern aus dem man nur durch eine Umstellung heraustreten kann, so wie es am Anfang der europäischen Geistesgeschichte durch die »theoretische Umstellung« für Husserl geschehen ist. Diese Welt ist das einzige Faktum der Welten, von ihr kann nicht mitgesagt sein: »Ich stehe über der Welt [...]« (VI,155), ihre Geltung kann eben weil die

Sanktion der Selbstverständlichkeit zu ihrer Definition gehört – nicht beliebig sistiert werden. Darin unterscheidet sie sich bei Husserl radikal von der faktischen historischen Welt, die nicht nur durch das freie Umphantasieren als »eine der Denkmöglichkeiten« betrachtet werden kann (VI,383), sondern hinsichtlich deren faktischen Verlaufs und Zustands die Phänomenologie Hoffnung der Revision ihrer Sinnrichtung erweckt.

IV

An dieser Stelle scheint es, daß wir unser Thema hoffnungslos aus dem Auge verloren haben. Denn es ist doch immer noch und nur von der Lebenswelt als dem für einen theoretischen Abbau vorausgesetzten Bestand gesprochen. Was hat das mit Technisierung zu tun? Aber gerade hier treffen wir auf die eigene Möglichkeit der Analyse des Problems unter den Aspekten der Phänomenologie Husserls. Die Lebenswelt ist zwar dasjenige Faktum, das seine eigene Faktizität wesentlich selbst verhüllt und verbirgt, insofern es sich als das Universum der Selbstverständlichkeit ausgibt; das aber bedeutet zugleich, daß jede aus dieser Lebenswelt heraustretende Umstellung, vor allem und in einzigartiger Weise aber die theoretische Umstellung, diese Faktizität der unmittelbar vorgegebenen Wirklichkeit unübersehbar auffällig machen muß. Die Theoretisierung treibt die Kontingenz der Lebenswelt heraus und macht sie zum akuten Anstoß der unserem Denken über die Welt spätestens am Ende der Antike aufbrechenden Frage, warum das Gegebene gerade so beschaffen ist, wie wir es vorfinden. Unter diesem, durch seine Untersuchungen so nahe gelegten, Gesichtspunkt hat Husserl das Problem der Technisierung nicht bzw. nicht mehr gesehen. Er bleibt in dieser Frage gebunden an die natürlich ganz zutreffende historische Feststellung, daß die neuzeitliche Technik nicht denkbar wäre ohne den Aufschwung der neuzeitlichen *Naturwissenschaft*. Dieses Bedingungsverhältnis ist lange so gedeutet worden, daß die Technik in der Weise des Rückgriffs auf den rein theoretisch intendierten Ergebnisbestand der Naturwissenschaft ihre konstruktiven Möglichkeiten autonom entwickelt, so daß Technik als Inbegriff der Anwendungen theoretischer Resultate bestimmt werden kann. Historisch ist es heute unzweifelhaft geworden, daß in dem spezifischen Ansatz naturwissenschaftlicher Fragestellungen am Beginn der Neuzeit bereits ein technisches Element enthalten ist. Naturwissenschaftliche Hypothesen waren und sind ihrem Anspruch nach Anweisungen zur Herstellung der Phänomene, die sie erklären wollen, und die im Experiment realisierte Identität des Phänomens ist die ideale Verifikation der Hypothese. Unter diesem Gesichtspunkt konnte bewußt ausgeklammert werden, ob die Natur selbst zur Realisierung des Phänomens den identischen oder einen anderen Weg eingeschlagen hat.

Über diese historisch gut gesicherte Auffassung des genetischen Zusammenhanges von neuzeitlicher Naturwissenschaft und Technik ist Husserl einen wesentlichen Schritt hinausgegangen. Seine These wird man etwa so formulieren dürfen: Technisierung ist primär ein immanent theoretischer Vorgang, der aus dem Abbau der Lebenswelt *eine* Konsequenz, aber nicht die einzige und legitime, darstellt. Um das zu bestätigen, will Husserl so etwas wie die »innere Historie« der neuzeitlichen *Wissenschaftsidee* aufweisen. Es ist nämlich für ihn keineswegs selbstverständlich, daß diese Idee sich exemplarisch als *Natur*wissenschaft realisieren mußte. Dieser Vorgang beruht vielmehr auf einer faktischen Vorentscheidung, die Husserl so umschreibt: »Die Naturwissenschaft der Neuzeit hat, als Physik sich etablierend, ihre Wurzel in der konsequenten

Abstraktion, in der sie an der Lebenswelt nur Körperlichkeit sehen *will* [...]. Die Welt reduziert sich in solcher mit universaler Konsequenz durchgeführten Abstraktion auf die abstrakt-universale Natur, das Thema der puren Naturwissenschaft. Hier allein hat zunächst die geometrische Idealisierung, dann alle weitere mathematisierende Theoretisierung ihren möglichen Sinn geschöpft« (VI,230).

Da haben wir wieder das eigentümlich voluntaristische Element inmitten des Rationalismus Husserls: die Selektion, die am Bedeutungsreichtum der Lebenswelt vollzogen ist, die Zurückführung der »Dinge« auf physische Gegenstände, lassen kein treibendes Motiv erkennen. Husserl spricht zwar von der »zweckmäßigen Umgestaltung« des auf dem Boden der Lebenswelt statthabenden vorwissenschaftlichen Erkennens (VI,229), aber er sagt nicht, welches denn der Zweck solcher Zweckmäßigkeit sein konnte. Ein derartiger Voluntarismus erweckt leicht den Eindruck der Widerrufbarkeit des von ihm »begründeten« Faktums, und dieses Moment mag hier eine Rolle spielen. Aber der Satz: »Die schlichte Erfahrung, in welcher die Lebenswelt gegeben ist, ist letzte Grundlage aller objektiven Erkenntnis« (VI,229) stellt die prinzipielle Forderung, die Umgestaltung der Lebenswelt in eine Objektwelt aus Antrieben der Lebenswelt selbst zu verstehen und nicht eine Art von »Ursünde« in Gestalt eines nicht weiter befragbaren Willensaktes einzuführen. Jedenfalls spricht in Husserls Analyse nichts dafür, daß dieser primäre Willensakt bereits auf Technisierung als den letzten einer Reihe von Schritten abzielte, sondern es sieht hier ganz so aus, als sei die konstruktive Verfügbarkeit erst das, was am Ende einer sich aufstufenden Folge von Modifikationen und Leistungen gleichsam unvermutet »herausgesprungen« sei. Die Blindheit, die hier waltet, muß in ihrer kontrastierenden Funktion gegen die Idee einer Teleologie der europäischen Geistesgeschichte erkannt werden; der

Mensch der Neuzeit ist nicht sehenden Auges in sein technisches Schicksal hineingerannt – diese Prämisse läßt Husserl die Chance wahrnehmen, diesen Menschen durch Phänomenologie wieder sehend zu machen. Zu solcher Blindheit des faktischen Abweges der neuzeitlichen Naturwissenschaft gehört, daß sie ihren eigenen Ursprung aus der beschriebenen Umgestaltung der Lebenswelt »vergessen« hat und im Vergessen halten mußte, um sich in ihrem Anspruch, die letztgültige Gestalt des menschlichen Erkenntnisstrebens zu realisieren, nicht selbst zu verunsichern. Die Abdeckung dieser geschichtlichen Bedingtheit ermöglicht es dem modernen Bewußtsein zu glauben, die exakte Wissenschaft könne mit Hilfe der Mathematik die hinter den Erscheinungen gleichsam versteckte »an sich wahre Welt« entdecken und darstellen. Die *Abdeckung* der Genesis dieser exakten Objektwelt durch Abstraktion aus der Lebenswelt begründet die *fraglose* Natürlichkeit dieser Natur. Damit wird der *kritische* Sinn der von Husserl gesuchten Lebenswelt erkennbar: indem sie als das Universum der Selbstverständlichkeit erschlossen würde, wäre zugleich die Selbstverständlichkeit des Derivats »Natur« als vermeintlich und fragwürdig entdeckt. Man sieht, wie die ganze Wirksamkeit dieses Komplexes davon abhängt, daß die Lebenswelt für die an ihr vollzogene Abstraktion unverantwortlich bleibt.

Für Husserl bezeugt sich das Vergessen der Herkunft der abstrakten Gegenstandswelt exakt zugänglicher Körperlichkeit in der immanenten Konsequenz der Weiterbildung ihrer mathematischen Darstellungsmittel. Diese Weiterbildung hat die generelle Tendenz der *Formalisierung*, also der Abstoßung der anschaulichen Elemente. Vielleicht können wir unter den zahlreichen Ausdrücken, die Husserl für diesen Vorgang gebraucht, am ehesten den der »Methodisierung« (VI,68) verwenden: denn »Methode« ist ihm der Inbegriff für die Tradition und Tradierbarkeit ursprungsverdeckter Leistungen (VI,377). Sobald das Wissen die Kapazität eines Menschenlebens, es genuin zu erwerben, übersteigt, werden Voraussetzungen des Erkenntniserwerbs als fertiges Instrumentarium überliefert, und alsbald wird es fraglich, ob die ursprünglichen begründenden Leistungen von jedem, der sie verwertet und mit ihnen umgeht, *reaktiviert* werden können. Die antike Geometrie, so glaubt Husserl, war sich ihres Ursprunges aus der Idealisierung der Körperwelt bewußt; aber bei der Rezeption dieser Geometrie in der beginnenden Neuzeit blieb die zugrunde liegende Idealisierung vergessen, und dieser Umstand gab die rein technische Handhabung des ererbten Werkzeuges frei. Das führt in der ersten Stufe der Sinnentleerung zur »Arithmetisierung der Geometrie« (VI,44), im zweiten Schritt zu ihrer Algebraisierung, schließlich zu einer rein formalen »Mannigfaltigkeitslehre«, zur Konstruktion einer »Welt überhaupt« (VI,45).

Das Ergebnis dieser Darstellung ist, daß die Technisierung ein Vorgang ist, der sich an dem *theoretischen* Substrat selbst abspielt. Die Geometrie ist schließlich »zu einer bloßen Kunst, durch eine rechnerische Technik nach technischen Regeln Ergebnisse zu gewinnen«, geworden (VI,46). So hatte schon NOVALIS geklagt, die echte Mathematik sei »in Europa zur bloßen Technik ausgeartet«[10]. Man könnte die hier erhobene These, unter Gebrauch einer fachsprachlichen Metapher, etwa so formulieren: die »phänotypisch« so verschiedenen Welten der von der exakten Wissenschaft dargestellten Natur und der Technik sind »genotypisch« strukturgleich, es sind Formelwelten. Das aber heißt, daß ihnen ein fundamentaler *Sinnverlust* gemeinsam ist, eine Entleerung der theoretischen wie der konstruktiven Leistungen von den sie tragenden und ermöglichenden Akten der Anschauung. Technisierung ist »Verwandlung ursprünglich lebendiger Sinnbildung« zur Methode, die sich weitergeben läßt, ohne ihren »Urstiftungssinn« mitzuführen, die ihre »Sinnesentwicklung« abgestreift hat und im

Genügen an der bloßen Funktion nicht mehr erkennen lassen will (VI,57–59). Die Technik ist primär nicht ein Reich bestimmter, aus menschlicher Aktivität hervorgegangener Gegenstände; sie ist in ihrer Ursprünglichkeit ein Zustand des menschlichen Weltverhältnisses selbst. Die Herrschaft des »Methoden-Sinns« bedeutet aber nicht nur eine Funktionswandlung des theoretischen Prozesses, der von seinem anschaulichen Substrat ablösbar geworden ist und als abgelöstes Schema auf beliebige Substrate Anwendung finden kann, sondern eine Verstellung, eine Nivellierung im Gegebenheitszustand der Welt für den Menschen. Husserl bedient sich hier der Metapher des »Ideenkleides«, welches macht, »daß wir für wahres Sein nehmen, was eine Methode ist«.[11] Daß Technisierung zu ganz bestimmten dinglichen Realitäten führt – »Maschinen« im weitesten Sinne –, das ist als eine sekundäre Erscheinung schon darin entschieden und vorweggenommen, daß die Wissenschaft und ihre Methode selbst »einer offenbar sehr Nützliches leistenden und darin verläßlichen Maschine« gleich geworden sind (VI,52). Das Phänomen der Technik wird zwar nicht zufällig, aber doch auch nicht unmittelbar durch den realen Mechanismus repräsentiert. Nicht zufällig gehört die Rechenmaschine zu den frühesten Träumen und Realisationsversuchen der neuzeitlichen Maschinenwelt, und ebensowenig zufällig ist es, daß die Entwicklung der Rechenautomaten zu einer Perfektionsstufe geführt hat, auf der ihre Leistungsfähigkeit praktisch vom Menschenhirn nicht mehr einholbar ist. Die Welt, die sich einmal damit abgefunden hat, mit dem immer schon Fertigen umzugehen und sich im Umgang mit den fertigen Begriffen und Sätzen nach der Strenge einer zumeist undurchschauten Methodik nur durch den Erfolg kontrollieren zu lassen, sieht sich schließlich hilflos vor so viel Fertigung und müht sich nur noch, ihren Produkten auch den Raum zu schaffen, den sie benötigen.

Nun sieht es so aus, als gehe Husserl, der Mathematiker von Herkunft und Geblüt, daran, die Leistungen und Errungenschaften der Mathematik und der durch sie ermöglichten Naturwissenschaft zu diffamieren und als sei es nur noch ein konsequenter Schritt für ihn zu wünschen, diese Leistungen möchten rückgängig zu machen sein. Aber Husserl geht es nur darum, das Verhängnis menschlichen Handelns im weitesten Sinne dort, wo es nicht mehr weiß, was es tut, exemplarisch sichtbar zu machen und die sozusagen aktive Unwissenheit als die Wurzel all derjenigen desorientierten Aktionen bloßzulegen, die die menschliche Ratlosigkeit in der technischen Welt hervorgerufen haben. Mit einer Dämonisierung der Technik oder mit ihrer Fatalisierung hat das nichts zu tun; aber die Unverantwortlichkeit der rein theoretischen Disziplinen, die ihre zufällige Anwendbarkeit als mehr oder weniger willkommene Zugabe hinnehmen, ist ernsthaft in Frage gestellt durch einen Standpunkt, für den Praxis nicht eine Form des Rückgriffs in das Reservoir der Theorie darstellt, sondern auf dem gesprochen wird von »*der* Praxis, die Theorie heißt« (VI,449). Aber es ist natürlich zweierlei zu sagen, daß die zur Technisierung führende Geschichtslinie am Anfang der Neuzeit nicht schicksalhaft unausweichlich angeboten war, und andererseits zu sagen, daß in der gegenwärtigen Situation noch immer Technisierung in der von Husserl präzisierten Bedeutung eine korrigierbare Deviation der Geschichte darstelle. Für Husserl hängen beide Aussagen eng zusammen: der Konstitutionsprozeß der Neuzeit ist nicht eindeutig determiniert, er enthält eine Ambivalenz.

Husserl sieht die entscheidende Gestalt der frühen Neuzeit in GALILEI, bei dem »die Unterschiebung der idealisierten Natur für die vorwissenschaftlich anschauliche Natur« beginnt (VI,50). Galilei wird charakterisiert als ein »zugleich entdeckender und verdeckender Genius« (VI,53) – in dieser Formulierung scheint mir eine sehr tiefe Einsicht zu stecken. Entdeckung und Verdeckung sind in der Geschichte der Errungenschaften der Neuzeit untrennbar verschwistert. Ist es aber so etwas wie ein Gesetz der neuzeitlichen Geistesgeschichte, daß jede ihrer Entdeckungen um den Preis einer Verdeckung errungen wurde? Husserl hätte diese Frage verneint; er sieht hier nur eine faktische Koppelung vor sich, nur das faktische Erliegen unter einer Versuchung, der Versuchung des kürzesten Weges, der perfekten Funktion. Aber die Appellation an den Ursprung bleibt möglich, die Forderung der Reaktivierung des Sinnkontinuums erfüllbar. Schon die Sprache macht das sinnfällig: es ist von Verdeckung, nicht von Zerstörung die Rede, und es ist ein sanftes Bild für den verlorenen Sinnzusammenhang, wenn Husserl sagt, die Wissenschaft »schwebt so wie in einem leeren Raum über der Lebenswelt« (VI,448). Die Position der phänomenologischen Analyse läßt sich nicht bis zur Antithese vorantreiben.

V

Damit kommen wir auf unseren Ausgangspunkt zurück: die Technik wird hier nicht mehr aus der Antithese zur Natur verstanden. Wir können jetzt sagen: sie wird verstanden aus einem Verhältnis zur Geschichte. In der Technisierung, wie Husserl sie versteht, entzieht sich der Mensch der Redlichkeit des einsichtigen, auf originärer Anschauung bestehenden Vollzuges seiner Praxis in jenem weitesten Sinne, der auch die Theorie einschließt. Er will sozusagen »im Sprunge« vorankommen. Er läßt Geschichte aus. Man kann das auch strenger im Rahmen der phänomenologischen Terminologie formulieren: In der Technisierung beschränkt sich der Mensch auf die Möglichkeiten des *Verstandes* und entzieht sich dem Anspruch der *Vernunft*. Diese kantische Begriffsdifferenz hat Husserl auf die Intentionalität des Bewußtseins bezogen: Vernunft ist erfüllte Intention, vollendeter Besitz des Gegenstandes in der Fülle seiner Aspekte oder doch zumindest das Sich-Offenhalten für diese Fülle. Verstand ist der Umgang mit leeren Intentionen, mit Vermeinungen, die für die Sachen selbst genommen werden, oder – ausgedrückt mit einer bei Husserl beliebten banktechnischen Metapher – »eine Methode des Umwechselns und Umrechnens, die sich auf die bloßen Schatzanweisungen gründet« (II,62). Die wesentliche innere Disposition des Bewußtseins kraft seiner Intentionalität ist nun, ständig »den Verstand eben zur Vernunft zu bringen«, die Schatzanweisungen gegen die sie deckenden Sachwerte einzuwechseln. Geschichte vollstreckt, aktualisiert diese Disposition, Technisierung aber durchbricht diesen Prozeß, sie vermehrt ständig die »Zeichenwerte«, die nominalen Repräsentationen, die ungedeckten Anweisungen; sie ist – um im Bereich der Metaphern zu bleiben – Herbeiführung von Besitz, anstatt Begründung von Eigentum, oder Ausübung von Herrschaft ohne Rücksicht auf deren Legitimität.

Ich möchte durch ein Beispiel belegen, was hier tatsächlich an der Sache selbst gesehen und aufgedeckt ist. Ich wähle das primitive Beispiel einer Türklingel. Da gibt es die alten mechanischen Modelle von Zugklingeln oder Drehklingeln: betätigt man sie, so hat man noch das unmittelbare Gefühl, den beabsichtigten Effekt in seiner Spezifität zu erzeugen, denn zwischen der tätigen Hand und dem erklingenden Ton besteht ein adäquater Nexus, d. h. wenn ich vor einer solchen Einrichtung stehe, weiß ich nicht nur, was ich tun muß, sondern auch, weshalb ich es tun muß. Anders bei der elektrischen Klingel, die durch einen Druckknopf betätigt wird: die Verrichtung der Hand ist dem Effekt ganz unspezifisch und heteromorph zugeordnet – wir erzeugen den Effekt nicht mehr, sondern lösen ihn nur noch aus. Der gewünschte Effekt liegt apparativ sozusagen fertig für uns bereit, ja er verbirgt sich in seiner Bedingtheit und in der Kompliziertheit seines Zustandekommens sorgfältig vor uns, um sich uns als das mühelos Verfügbare zu suggerieren. Um dieser Suggestion des Immer-Fertigseins willen ist die technische Welt, unabhängig von allen funktionalen Erfordernissen, eine Sphäre von Gehäusen, von Verkleidungen, unspezifischen Fassaden und Blenden. Der menschliche Funktionsanteil wird homogenisiert und reduziert auf das ideale Minimum des Druckes auf einen Knopf. Die Technisierung macht die menschlichen Handlungen zunehmend unspezifisch. Ich sage hier nichts über den simplen physikalischen Sachverhalt, daß der Unterschied zwischen einer mechanischen und einer elektrischen Klingel objektiv darin besteht, daß wir das eine Mal die Energie für den Vorgang selbst liefern müssen, während das andere Mal bereitstehende Fremdenergie von uns angezapft wird. In unserem Zusammenhang ist der phänomenologische Gesichtspunkt entscheidend, wie die Gegebenheiten der unmittelbaren Erfahrung sich darbieten. Im Ideal des »Druckes auf den Knopf« feiert der Entzug der Einsicht (im wörtlichsten Sinne des Hineinsehens!) sich selbst: Befehl und Effekt, Order und Produkt, Wille und Werk sind auf die kürzeste Distanz aneinandergerückt, so mühelos gekoppelt wie im heimlichen Ideal aller nachchristlichen Produktivität, dem göttlichen »Es werde!« des Anfanges der Bibel. In einer Welt, die immer mehr durch Auslösefunktionen gekennzeichnet ist, nimmt nicht nur die Auswechselbarkeit der für unspezifische Handlungen benötigten Personen zu, sondern auch die Verwechselbarkeit der Auslöser. Um bei unserem Klingelknopf zu bleiben: wie oft drückt man in einem Treppenhaus auf einen Klingelknopf, wenn man das Flurlicht »gemeint« hatte. Hinter jedem solchen Auslöser steckt eine lange Vorgeschichte menschlicher Entdeckungen, ein ganzer

Komplex erfinderischer Leistungen; aber der Auslöser ist so »aufgemacht«, daß er uns dies alles in seiner abstrakten Uniformität verdeckt und entzieht – ein schlechtes »Produkt«, das sich in seine Eingeweide sehen läßt. Die Selbstdarbietung des technischen Gegenstandes weist nicht nur alle neugierigen Fragen von sich ab als mögliche Inspektion dessen, der den Preis für das Funktionsgeheimnis nicht bezahlen oder selbst verdienen möchte, sondern es scheint alles zu tun, um Fragen gar nicht erst aufkommen zu lassen, und zwar nicht nur solche nach dem Konstruktionsgeheimnis und Funktionsprinzip, sondern vor allem solche nach der Existenzberechtigung. Das Immer-Fertige, das auf den Fingerdruck Auslösbare und Abrufbare rechtfertigt seine Existenz nicht, weder aus seiner theoretischen Herkunft noch aus den Bedürfnissen und Antrieben des Lebens, dem zu dienen es vorgibt. Es ist legitimiert, indem es bestellt, abgenommen, übernommen und in Betrieb gesetzt wird; Vorhandensein hat nicht sinngebende Bedürfnisse zur Voraussetzung, sondern es fordert und erzwingt seinerseits Bedürfnisse und Sinngebungen. Dazu muß unter Umständen eine ganze Schicht von Motiven und Geltungsfiktionen erst künstlich erzeugt, ihrerseits mit technischem Aufwand hergestellt werden. Das Ideal solcher Manipulation ist die Umkleidung des künstlichen Produkts mit Selbstverständlichkeit; sie läßt alle Fragen verstummen, ob das notwendig, sinnvoll, menschenwürdig, irgendwie zu rechtfertigen sei. Die künstliche Realität, der Fremdling unter den vorgefundenen Dingen der Natur, sinkt an einem bestimmten Punkte zurück in das »Universum der Selbstverständlichkeiten«, in die Lebenswelt.

Der Zusammenhang von Lebenswelt und Technisierung ist komplizierter, als Husserl ihn gesehen hat. Der von Husserl analysierte Prozeß der Verdeckung des Entdeckten erreicht erst darin sein Telos, daß das im theoretischen Fragen unselbstverständlich Gewordene zurückkehrt in die Fraglosigkeit. Ungleich vollkommener als durch die Mimikry der Gehäuse wird das Technische als solches unsichtbar, wenn es der Lebenswelt implantiert ist. Die Technisierung reißt nicht nur den Fundierungszusammenhang des aus der Lebenswelt heraustretenden theoretischen Verhaltens ab, sondern sie beginnt ihrerseits, die Lebenswelt zu regulieren, indem jene Sphäre, in der wir *noch* keine Fragen stellen, identisch wird mit derjenigen, in der wir keine Fragen *mehr* stellen, und indem die Besetzung dieses Gegenstandsfeldes gesteuert und motiviert wird von der immanenten Dynamik des technisch Immer-Fertigen, durch die der Naturgewalt sich gleichsetzende Unwiderruflichkeit der Produktion. Es enthüllt sich als die eigene »Teleologie« des Prozesses der Technisierung, daß er sich die Lebenswelt als eine abhängige Größe zuordnet, indem er nicht nur Sachen und Leistungen produziert, sondern auch das scheinbar Unproduzierbare herstellbar macht, nämlich Selbstverständlichkeit.

Hier setzen wir mit der Analyse aus, die den Beitrag der Phänomenologie zur Frage nach der »Sache selbst« vorweisen sollte, und folgen dem eigentlichen Interesse, das Husserl in der Krisis-Abhandlung an dieser Problematik hat, einem Interesse, das auf den ersten Blick mehr auf die Therapie als auf die Diagnose gerichtet ist. In einer Situation, in der Husserl selbst in Deutschland zum Schweigen verurteilt und in der seine Phänomenologie von der Welle der Existentialontologie bereits überspült worden war, ist er erfüllt von dem Glauben an eine säkulare Mission dieses Philosophierens. Therapie der in der Technisierung herangereiften Krisis konnte für Husserl nicht heißen, daß eine Entwicklung, von deren jeweiligen letzten Ergebnissen die Daseinsmöglichkeit des Menschen immer abhängiger geworden ist, rückgängig gemacht oder auch nur zum Stehen gebracht werden könnte. Aber für Husserl bedeutet Therapie ganz unbezweifelbar, daß etwas »nachzuholen« sei. Diese Vorstellung eines wiederholenden bzw. nachholenden

Vollzuges einer Genesis, die in letzter Instanz immer die Intentionalität des Bewußtseins selbst ist, ist wesenhaft mit der Konzeption der Phänomenologie verbunden. Wenn die Analyse der Technisierung ergab, daß in ihrem Prozeß die authentische Rechtfertigung aller Schritte versäumt, ausgelassen und übersprungen worden ist, so bietet sich die Einstellung der Phänomenologie fast von selbst als therapeutischer Gegenzug an, in dem die in der Technisierung vergessenen und überspielten Rückfragen nach den Fundamenten, nach dem Urstiftungssinn und nach der daraus folgenden Sinnexplikation nachgeholt werden können. Die Phänomenologie will Geschichte, und zwar in einem absoluten Sinne, wiederherstellen. Es ist ihre Grundforderung: »wiederholen wir die ganze bereits geschehene Geschichte subjektiver Leistungen«.[12] Die phänomenologische Erkenntnis ist durch sich selbst, durch die pure Präsenz ihrer späten Realisierung in der europäischen Geistesgeschichte das radikale Heilmittel einer radikalen Krisis – so sieht es Husserl. Sie begegnet der immanenten Struktur und dem Wachstum des krisenhaften Prozesses gleichsam antibiotisch. Sie ist an sich selbst Resistenz gegen die das Wesen der Technisierung fundierende Formalisierung theoretischer Leistungen, so daß sie »nie die unmerkliche Verwandlung in eine bloße τέχνη erfahren« kann, sondern jene »Reaktivierung der ursprünglichen Aktivitäten« zu leisten vermag, die die »zur Kunst, τέχνη, herabgesunkene Wissenschaft« in die Verbindlichkeit der theoretischen Verantwortung zurückzuholen vermag – wenn wir hier für einen Augenblick dem Glauben Husserls nachgehen. Als »schauende Erkenntnis« ist die Phänomenologie selbst »die Vernunft, die sich vorsetzt, den Verstand eben zur Vernunft zu bringen«.

Inmitten des technischen Zeitalters und der technisierten Welt ist es das große, ja großartige Selbstbewußtsein des greisen Husserl, das Antitoxin der ihn erschreckenden Technisierung auf den 40 000 Blättern seines selbstprotokollierten Nachdenkens gewonnen zu haben. Dem Immer-Fertigen setzt er das Immer-Anfangende des philosophischen Denkens entgegen, das allein »einen neuen Lebenswillen fassen« kann (VI,472), und widersetzt sich einer Welt, die sich immer nur durch die Faktizität ihres massiven Vorhandenseins als sinnhaft zu demonstrieren vermag, mit dem Aufruf zum Sich-Treubleiben in der teleologischen Konsequenz eines identischen, einmal ergriffenen Sinnes (VI,486).

VI

Eine *Auseinandersetzung* mit den Krisis-Ideen Husserls sollte die Errungenschaften phänomenologischer Sacherschließung, die hier vorliegen, nicht wieder preisgeben und könnte wohl am fruchtbarsten als immanente Kritik vorgetragen werden. Bleibend erhellende Einsicht scheint mir zu sein, daß Technisierung, im Sinne einer Einbuße an Selbstverständnis und Selbstverantwortung, eine im Schoße des theoretischen Gesamtprozesses entspringende Transformation ist. Nicht genauso gesichert scheint mir zu sein, diese Transformation mit Husserl als ein *pathologisches* Phänomen zu sehen, eine im Bewußtsein faktisch ausbrechende bzw. willentlich gesetzte Modifikation, ein Abweg in der Selbstverwirklichung der Bewußtseinsintentionalität. Diese Voraussetzung machte es freilich Husserl allein möglich, seine Phänomenologie als Therapie anzubieten. Aber trifft diese Voraussetzung zu? Diese Frage soll von Husserls eigenen Prämissen her beantwortet werden.

In Husserls Geschichtsbild beginnt die »immanente Teleologie des europäischen Menschentums« bei den Griechen als ein »neues Interesse am All« (VI,319 ff.). Dieses neue Interesse schloß in sich »intentionale Unendlichkeiten«, die nur in einem Menschentum wirksam und wirklich werden konnten, »das, in der Endlichkeit lebend, auf Pole der Unendlichkeit hinlebt« (VI,322). In dieser Formel hat Husserl eine entscheidende *Antinomie* ausgesprochen, von der auch seine eigene Phänomenologie unvermerkt beherrscht wird. Schon 1913 schreibt Husserl, daß in der Intentionalität des Bewußtseins jede gegebene Eigenschaft eines Dinges »uns in Unendlichkeiten der Erfahrung hineinzieht, daß jede noch so weitgespannte Erfahrungsmannigfaltigkeit noch nähere und neue Dingbestimmungen offenläßt; und so in infinitum« (III,14). Aber diesem Hineingezogenwerden bleibt ebenso notwendig Erfüllung versagt; die Rede von »unendlicher Arbeit« und »unendlichen Aufgaben« zieht sich durch das ganze Werk des Begründers der Phänomenologie. Was er vor sich liegen sieht, sind »wahre Unendlichkeiten [...] nie erforschter Tatsachen« (I,79); kein Erschrecken ist spürbar, wenn er von der »Unendlichkeit der Arbeit« spricht (I,119), überhaupt ist »Arbeit« eines der charakteristischen Wörter der Sprache Husserls.[13] Die dem frühen Versprechen einer *Philosophie als strenge Wissenschaft* (1910) zugrunde liegende Idee einer überall endgültig erreichbaren Evidenz hat sich in eine komplizierte Pluralität von Evidenzen aufgespalten, und von der adäquaten Evidenz bleibt »offen, ob sie nicht prinzipiell im Unendlichen liegt« (I,55). Wenn es richtig ist, daß die Neuzeit die im antiken Wissenschaftsbegriff noch latente Konsequenz der »Idee einer Unendlichkeit von Aufgaben« ans Licht gebracht hat, dann ist die Phänomenologie Husserls eine äußerste Zuspitzung dieses einem *endlichen* Dasein aufgebürdeten *unendlichen* Anspruches. Das Pathos der Unendlichkeitsidee verdeckt den Widerspruch: die Forderung nach der absoluten Evidenz und der Radikalität der Begründungen und genetischen Sinnanalysen setzt sich selbst gegenüber der Vorstellung von einer Unendlichkeit der geforderten theoretischen Arbeit ins Unrecht. Evidenz und Radikalität der Begründung erfordern Rückkehr des Denkens an den absoluten Anfang, und zwar für jede sich selbst durchsichtig werden wollende Existenz, so wie es Descartes mit seinem »semel in vita funditus denuo« gefordert hatte. Dagegen verlangt eine Unendlichkeit auszuführender Arbeit, daß das geschichtlich je schon Geleistete zur Voraussetzung des noch zu Leistenden gemacht werden kann, also seine Funktionalisierung als nur noch erlernbarer Erkenntnisbesitz und als übernehmbare Methodik. Nur so kann der Ausgangspunkt des Fortschreitens immer weiter ins Unbegangene vorgeschoben werden. Und *Formalisierung* ist nichts anderes als die handlichste, dienstbarste Art solcher *Funktionalisierung* des einmal Geleisteten; aber sie ist eben auch potentiell schon Technisierung, denn was formalisiert werden kann – das heißt: was seine Anwendbarkeit unabhängig von der Einsichtigkeit des Vollzuges gewinnt –, das ist auch im Grunde schon mechanisiert, auch wenn die realen Mechanismen zu seiner Speicherung und geregelten Assoziation nicht bereitgestanden haben. Alle Methodik will *unreflektierte Wiederholbarkeit* schaffen, ein wachsendes Fundament von Voraussetzungen, das zwar immer mit im Spiele ist, aber nicht immer aktualisiert werden muß. Aus dieser Antinomie zwischen Philosophie und Wissenschaft ist nicht herauszukommen: das Erkenntnisideal der Philosophie widersetzt sich der Methodisierung, die Wissenschaft als der unendliche Anspruch eines endlichen Wesens erzwingt sie. Es war die scholastische Illusion einer sich selbst in ihrer Wißbegierde desavouierenden Vernunft, die Philosophie und Wissenschaft ein letztes Mal in Eintracht miteinander erscheinen ließ. Die Trennung von Philosophie und Wissenschaft – und zwar kraft der philosophischen Idee von Wissenschaft – war der Übergang zur Technisierung in jenem zu aller vorherigen Technik des Menschen heterogenen neuzeitlichen Sinne. Aber diese Trennung war notwendig und legitim. Hierin formiert sich die Kritik an Husserls Position. Der Sinn*verlust*, von dem Husserl gesprochen hat, ist in Wahrheit ein in der Konsequenz des theoretischen Anspruches selbst auferlegter Sinn*verzicht*. Man kann nicht vom »Werden zum Menschentum unendlicher Aufgaben« schwärmen (VI,325) und gleichzeitig den Preis für dieses Werden verweigern.

Husserl hätte diese Problematik schon bei seinem großen Vorbild DESCARTES studieren können, der anfänglich geglaubt hatte, die Verwirklichung seines Wissenschaftsprogrammes könne Sache *eines* Lebens, seines eigenen Lebens, sein. Der Methodentraktat ist schon das Ergebnis einer gründlichen Resignation, denn er gibt vor allem das Verfahren an, wie man das jeweils Geleistete für andere Glieder einer forschenden Menschheit und Generationenfolge in ihr verfügbar machen kann, und zwar derart, daß nicht immer wieder die philosophische Ursituation des radikalen Anfangens erneuert werden muß. Gegenüber dieser Implikation der Methodenidee ist der Gedanke, die Kette der Deduktionen nach Analogie der Zahlenreihe für ein immer schnelleres, auf das trügerische Gedächtnis immer weniger angewiesenes Durchgehen verfügbar zu machen, ein episodisches, wenn auch sehr bezeichnendes Element, weil hier das Zögern unmittelbar vor dem Schritt in die Formalisierung spürbar wird. LEIBNIZ hat das ganze Problem wohl zuerst in seiner Auseinandersetzung mit Descartes aufgerollt.[14] Er konfrontiert mit dem vermeintlich der Mathematik entnommenen Erkenntnisideal des Descartes, nach dem ohne volle Stringenz des Beweises kein weiterer Schritt der Deduktion vollzogen werden darf, das tatsächliche Verfahren der Geometrie seit Euklid, die manchen Beweisverzicht hingenommen habe und dadurch zu einer *ars progrediendi* geworden sei: hätte sie die Bearbeitung ihrer Theoreme und Probleme hinausgeschoben, bis alle Axiome und Postulate bewiesen gewesen wären, dann gäbe es vielleicht heute noch keine Geometrie – der Beweisverzicht, der Aufschub der strengsten Forderungen, als Bedingung der Möglichkeit des Erkenntnisfortschritts.

Auch in Husserls eigenen phänomenologischen Analysen fehlt es nicht an Elementen der Unerfüllbarkeit, die sich aus der Antinomie von Unendlichkeit und Anschauung ergeben. In den Synthesen der empirischen Anschauung findet immer und notwendig eine Selektion der Aspekte des Dinges statt, im Kontinuum der Abschattungen werden gleichsam Sprünge gemacht, weil das der reinen Anschauung im Empirischen äquivalente Ideal des Durchlaufens aller möglichen Perspektiven unerfüllbar ist. »Die einem empirischen Ding entsprechende und uns versagte reine Anschauung steckt zwar in gewisser Weise in der vollständigen synthetischen Anschauung desselben darin, aber sozusagen in verstreuter Weise und immer wieder vermengt mit signitiven Repräsentanten.«[15]

Das aber heißt: auf der untersten elementaren Stufe seiner Leistungen ist der menschliche Intellekt stets schon in der Formalisierung begriffen. Daß Husserl die Zwiespältigkeit der Intentionalität zwischen Fortschritt und erfüllter Anschauung auch im Pathos der Krisis-Abhandlung nicht verschweigen konnte, ist fast unausbleiblich. Die Lösung, die er andeutet, läuft auf eine Art stellvertretender Funktion der Philosophie für die Wissenschaft hinaus: das von dieser in ihrem ungestümen Fortschreiten Ausgelassene und Übersprungene wird von jener nachgeholt und eingebracht. So jedenfalls läßt sich der folgende ebenso wichtige wie dunkle Text wohl verstehen: »An sich ist der Fortgang von sachhaltiger Mathematik zu ihrer formalen Logifizierung und ist die Verselbständigung der erweiterten formalen Logik als reiner Analysis oder Mannigfaltigkeitslehre etwas durchaus *Rechtmäßiges*, ja Notwendiges: desgleichen die Technisierung mit dem sich zeitweise ganz Verlieren in ein bloß technisches Denken. Das alles aber kann und muß *vollbewußt* verstandene und geübte Methode sein. Das ist es aber nur, wenn dafür Sorge getragen ist, daß hierbei gefährliche *Sinnverschiebungen* vermieden bleiben, und zwar dadurch, daß die *ursprüngliche Sinngebung der Methode*, aus welcher sie den Sinn einer Leistung für die *Welt*erkenntnis hat, immerfort aktuell verfügbar bleibt; ja noch mehr, daß sie von aller *unbefragten Traditionalität* befreit wird, die schon in der ersten Erfindung der neuen Idee und Methode Momente der Unklarheit in den Sinn einströmen ließ« (VI,46 f.).

Das soll doch wohl oder könnte zumindest heißen, daß die hier zugestandene Legitimität der Technisierung eine geschichtlich neue, nicht mehr präzeptorische – weil nämlich die Folgen ihrer eigenen Präzeption nun einholende – Rolle der Philosophie begründet: sie soll stellvertretend den Schatz der durch die Technisierung übersprungenen Sinnstrukturen verwalten.

Ich möchte diesen Komplex der phänomenologischen Auslegung der Technik noch in einen größeren geschichtlichen Zusammenhang stellen. Die *Unendlichkeitsimplikation* der Phänomenologie gehört in diejenige fundierte Traditionsreihe unserer Geistesgeschichte, die man als *Platonismus* bezeichnen kann. Eine erst im Unendlichen erreichbare Evidenz hat nur in einem geistigen Gefüge einen die menschliche Existenz bewegenden Sinn, in dem *Wahrheit* nicht nur als absoluter Wert anerkannt ist, sondern auch in einem bedingenden Verhältnis zur menschlichen *Daseinserfüllung* steht. Die adäquate Evidenz als Ziel jedes geistigen Weges – historisch gesprochen: die unvermittelte Anschauung der Ideen – ist der Kern jedes Platonismus. Aber darin liegt auch begründet, daß PLATOS Abweisung der Sophistik die *Ausschließung der Technik aus der geistigen Legitimität der europäischen Tradition* implizierte. Denn die Sophistik hatte die Idee eines formalen Könnens, einer unspezifischen geistigen Potenz ausgebildet, also das Sich-auf-eine-Sache-Verstehen abgelöst von dem Die-Sache-Verstehen und im Grunde die Omnipotenz zum Ideal ihrer Bildungspraxis gemacht, dem alles Theoretische von vornherein zugeordnet war. Die beliebigste Übertragbarkeit eines formalen, jeder konkreten Zielgebung verfügbaren Könnens – die reine »Methode« also – hatte sich in Rhetorik und Dialektik der Sophisten manifestiert (in der Tradition dieser Disziplinen hat sich bezeichnenderweise die Fachsprache technischen Verhaltens und technischer Leistungen ausgebildet). Der sokratisch-platonische Widerspruch hat nicht nur diesen Vorrang des puren Könnens zurückgewiesen, sondern einer Zuordnung rein formaler Potenzen zum Bild des menschlichen Daseinsvollzuges überhaupt den Boden entzogen. Das hat unsere Tradition bestimmt, bis hinein in die Ausbildung der christlichen Vorstellung von der ewigen Seligkeit als einer *visio beatifica* in der vollendeten Identität von Theorie und Glück. Husserls »unendliche Aufgabe« ist dieselbe Antwort auf die Frage nach dem letzten Sinn des menschlichen Daseins, mit einem freilich entscheidenden Unterschied, nämlich dem, daß der einzelne konkrete Mensch angesichts der unendlichen Aufgabe notwendig weder erfüllend noch erfüllt sein, sondern nur als Funktionär in einen ihn übergreifenden Zusammenhang eintreten kann. Die Unendlichkeit der Theorie als »Forschung« erfordert Übertragbarkeit, Methodisierung, Formalisierung, Technisierung. Die sophistische Position kommt auf dem platonischen Boden an einem bestimmten Punkt wieder zum Vorschein: der konkrete Mensch ist gar nicht mögliches Subjekt einer unendlichen Aufgabe, dieses Subjekt muß in Gestalt der Gesellschaft, der Nation, der Menschheit, der Wissenschaft künstlich konstituiert werden, und zwar als ein dem Glücksanspruch des Individuums gegenüber rücksichtslos gebietendes Prinzip. Bevor die technisierte Industriegesellschaft den Menschen funktionalisierte, hatte die neuzeitliche Wissenschaftsidee diesen elementaren Akt der neuzeitlichen Geschichte bereits exemplarisch vollzogen. Die von Husserl in Gang gesetzte transzendentale Selbstergründung der Subjektivität ist einer der Versuche – und vielleicht der bedeutendste –, die verlorene Substanz zu restituieren. Aber das Schicksal der Phänomenologie selbst ist gezeichnet nicht nur durch das, was ihr von außen zugestoßen ist, sondern durch das von ihr selbst wesentlich geweckte Bewußtsein der Verlorenheit des philosophischen Subjektes vor dem Anspruch seiner radikalen Selbstbegründung und unendlichen Selbstrechtfertigung.

VII

Die Phänomenologie, so zeigte sich, kann den Konsequenzen nicht entgehen, deren Prämissen sie selbst zur reinen Darstellung gebracht hat. Das Heraustreten aus der Lebenswelt, also aus dem »Universum der Selbstverständlichkeiten«, war nicht nur Beginn jenes europäischen geistigen Prozesses, den Husserl in seiner eigenen Phänomenologie kulminieren sah, sondern auch des Umschlagens aller Selbstverständlichkeitscharaktere der Wirklichkeit in die Kontingenz. *Kontingenz* bedeutet die Beurteilung der Wirklichkeit vom Standpunkt der Notwendigkeit und der Möglichkeit her. Das Bewußtsein von der Kontingenz der Wirklichkeit ist nun aber die Fundierung einer technischen Einstellung gegenüber dem Vorgegebenen: wenn die gegebene Welt nur ein zufälliger Ausschnitt aus dem unendlichen Spielraum des Möglichen ist, wenn die Sphäre der natürlichen Fakten keine höhere Rechtfertigung und Sanktion mehr ausstrahlt, dann wird die Faktizität der Welt zum bohrenden Antrieb, nicht nur das Wirkliche vom Möglichen her zu beurteilen und zu kritisieren, sondern auch durch Realisierung des Möglichen, durch Ausschöpfung des Spielraums der Erfindung und Konstruktion das nur Faktische aufzufüllen zu einer in sich konsistenten, aus Notwendigkeit zu rechtfertigenden Kulturwelt. Wenn wir also Kontingenz als Stimulans der Bewußtwerdung der demiurgischen Potenz des Menschen ansehen müssen, dann wird verständlich, wie das technische Pathos der Neuzeit in Korrespondenz zu der äußersten Steigerung des Kontingenzbewußtseins im späten Mittelalter erwachsen konnte.[16] Diese Feststellung läßt die kritische Funktion des Begriffes der »Lebenswelt« in der Auseinandersetzung Husserls mit der neuzeitlichen Technisierung noch einmal deutlicher werden. Dieser Begriff der Lebenswelt ist geradezu gebildet als ein Inbegriff aller Gegencharaktere zu einer Kontingenzwelt, aber auch zu einer Welt, deren innere Notwendigkeit erst in der Behauptung gegen das Bewußtsein der Faktizität der Welt möglich geworden ist, also gegen eine technische Welt. Daß Husserl in der späten Phase seines Denkens nach dieser Lebenswelt geforscht hat, und zwar noch bevor ihm das Problem der Technisierung akut geworden war, ist eine aus der immanenten Entwicklung der Phänomenologie selbst hervorgewachsene Dringlichkeit gewesen; denn – und das ist nun entscheidend für unseren Gedankengang – die phänomenologische Methode ist selbst ein Paradigma des Kontingenzbewußtseins, jenes Basisvorganges im geistigen Substrat der technischen Welt, den man als »Entselbstverständlichung« bezeichnen könnte. Die letzten und verstecktesten Selbstverständlichkeiten noch in Frage zu stellen, ließe sich geradezu als Programm der Phänomenologie angeben. Die Lebenswelt selbst zum Gegenstande theoretischer Deskription zu machen, ist ja nicht eine Rettung- und Bewahrung dieser Sphäre, sondern in der Enthüllung die unvermeidliche Zerstörung ihres essentiellen Attributs der Selbstverständlichkeit. Der kritisch benötigte und gesuchte Begriff kann nicht gewonnen werden ohne Aufhebung der Sache. Für den Phänomenologen gilt es, »die universale Selbstverständlichkeit des Seins der Welt – für ihn das größte aller Rätsel – in eine Verständlichkeit zu verwandeln« (VI,184).

Nichts anderes als Forcierung der Kontingenz bedeutet also die Bestimmung des theoretischen Standortes der Phänomenologie, nach der »wir uns über dieses ganze Leben und diese gesamte Kulturtradition stellen [müssen] und durch radikale Besinnungen für uns, einzeln und in Gemeinschaft, die letzten Möglichkeiten und Notwendigkeiten suchen, von denen aus wir zu den Wirklichkeiten urteilend, wertend, handelnd Stellung nehmen können«.[17]

Eine Philosophie der »absoluten Universalität, in der es keine ungefragten Fragen, keine unverstandenen Selbstverständlichkeiten geben darf« (VI,269), erfüllt zwar mit ihrem Anspruch das »Telos der Intentionalität« (VI,533), aber sie macht damit auch jene Fragen virulent, die nicht auf ihre in Unendlichkeiten unerreichbar liegenden Antworten vertröstet werden können, die ihrer Natur nach den theoretischen Aufschub nicht ertragen, sondern das philosophisch nicht einzuholende Sich-Vorweg-Greifen des Menschen provozieren, das eben Husserl als Natur der Technik bloßgelegt hat.

Husserl ist nachgesagt worden, daß es ihm »völlig an historischem Sinn gebrach«[18]; aber während man diesen Mangel daran erkennen zu können glaubte, daß Husserl die historischen Gestalten des Philosophierens nur auf die Ebene seiner eigenen Ansprüche zu projizieren vermochte, enthüllt er sich tatsächlich vielmehr darin, daß er die geschichtliche Rolle und Stellung seiner eigenen Phänomenologie verkannte: während er mit dem methodischen Instrument der Reduktion und der freien Variation das wesensnotwendig Invariable suchte, »das von aller Faktizität befreite Exempel«, »das unzerbrechlich Selbige im Anders und Immer-wieder-anders, das allgemeinsame Wesen«, artikulierte er damit eher die Freiheit des Mittels als die Notwendigkeit des Zweckes, exekutierte den neuzeitlichen Geist, in der Meinung, ihn gegen die Neuzeit zu wenden, eben als jene »Variation, die in der Freiheit der reinen Phantasie und dem reinen Bewußtsein der Beliebigkeit [...] vollzogen wird, womit sie sich zugleich in einen Horizont offen endlos mannigfaltiger freier Möglichkeiten für immer neue Varianten hineinerstreckt«.[19]

Schon rein sprachlich ist die Rede von der »völlig freien, von allen Bindungen an im voraus geltende Fakta gelösten Variation« etwas von der Art der pathetischen Emanzipationsformel der Neuzeit, die alle an der Illusion teilhaben, sich vom Faktischen für das Wesentliche freizumachen, und im Effekt doch immer nur die unüberwindliche Anstößigkeit des Faktischen akzentuiert haben. Die im Denken Husserls idealisierte »Lebenswelt« dürfen wir damit als das unverstandene Korrelat und Korrektiv für die an der Technisierung unvermerkt mittätige Steigerung der Kontingenz durch die Phänomenologie ansehen.[20]

Die *Aktualität* der phänomenologischen Analyse der Technisierung hat sich durch ein sehr gegenwärtiges, von Husserl noch gar nicht beachtetes Problem unabsehbar gesteigert, das eine fast experimentelle Isolierung des ganzen Komplexes darstellt: die weltweite Transplantation europäischer Wissenschaft und Technik auf die einst exotischen Völker und Kulturwelten. Hier tritt die Technisierung nicht als Sprung aus dem mit der Lebenswelt in fundierendem Zusammenhang stehenden Kontinuum theoretischer Vollzüge auf, sondern als exogene Überlagerung oft fast unberührter Lebenswelten, in ihrer Selbstverständlichkeit eingeschlossener Verständnis- und Verhaltenskodifikationen. Die Motivation, die man »zivilisatorische Ungeduld« genannt hat, ist dort nicht aus dem Bewußtsein der »unendlichen Aufgabe« *erwachsen*, sondern *induziert* durch das, was man »international demonstration effect« genannt hat. Die ungeheueren Beschleunigungen, die in dem »Unterentwicklung« genannten Syndrom rein technisch erforderlich geworden sind, schaffen Spannungen, die gerade durch Husserls Idee des Geschichte nachholenden Sinnvollzuges verständlich werden, die aber zugleich jene Affinität zu einer Ideologie verständlich machen, die ihre Eignung als Rechtfertigung »nachholender Industrialisierung« spektakulär erwiesen hat und immer wieder demonstriert. Vom Aspekt unserer immanenten Kritik an der Position Husserls her gesehen, liegt das Problem der *nachholenden Entwicklung* nicht so sehr in dem exogenen Angebot der technischen Mittel und zivilisatorischen Verhaltensweisen, als vielmehr in dem Fehlen der immanenten Motivation, dieses Angebot zu akzeptieren und zu assimilieren: die *Motive* selbst werden von außen mitgeliefert, sie aber müßten *endogen* entwickelt werden. Was als Ergebnis unserer Untersuchung für die europäische Neuzeit nicht gefunden werden konnte, nämlich ein Ansatz für eine »Pathologie der Technik«, das könnte sich doch noch in der späten Phase der Technisierung als das im Weltmaßstab akute Desiderat herausstellen.

Die Technik ist phänomenal ein Reich von Mechanismen. Um sie als »Sache selbst« zu verstehen, genügt es nicht, dieses Reich der Mechanismen zu klassifizieren, nach seinen Wirkungen und Nebenwirkungen zu befragen und seine Ermöglichung auf die Erkenntnis der Naturgesetze zurückzuführen. Alle Mechanismen sind letztlich auf die Steigerung einer endlich vorgegebenen Kapazität, nämlich der des menschlichen Daseins, angelegt; sie strecken, wenn man so sagen darf, die Reichweite jedes Daseins, im räumlichen wie im zeitlichen Bezug, sie erlauben uns, Sprünge zu machen, statt Schritte zu tun. Die Radikalität der Frage, bis an deren Schwelle Husserl die Analyse vorangetrieben hat, besteht darin, daß nach dem geschichtlichen Aufbrechen des Motivs und des Willens zu dieser Steigerung der Endlichkeit gefragt wird. Technisierung entspringt aus der Spannung zwischen der sich als unendlich enthüllenden theoretischen Aufgabe und der als konstant gegeben vorgefundenen Daseinskapazität des Menschen. Die Antinomie der Technik besteht zwischen *Leistung* und *Einsicht*. Die Phänomenologie – in der Gestalt, die ihr Husserl gegeben hat – hat diese Antinomie nicht aufgelöst, sondern verschärft, für unsere geistige Situation spürbar und wirksam gemacht.

Anmerkungen

1 »De la société générale du genre humaine«, 1. Fass., Kap. 2 des *Contrat social*, das in die definitive Fassung nicht aufgenommen wurde. Kant hat den Ausdruck ›art perfectionné‹ in diesem Zusammenhang von Rousseau übernommen und zu der Form gebracht, daß »vollkommene Kunst wieder zur Natur wird« (Immanuel Kant, *Gesammelte Schriften*, Akad.-Ausg., Bd. 15, 2, Berlin 1923, S. 887, 896). »Kunst« ist hier das Ganze der durch Freiheit möglichen Lebensform: »Moralität ist eine Sache der Kunst, nicht der Natur« (Reflexion 1454, ebd., S. 636). Der Hindurchgang durch die Künstlichkeit führt freilich nur in einem *formalen* Sinne »wieder zur Natur«, nämlich zu dem *material* ganz heterogenen Korrelat einer wiederum »zweckmäßigen Einrichtung« als einem »System der Glückseligkeit« (ebd., S. 896). Solche formale Übereinstimmung als Zielvorstellung zu konstituieren, ist der regulative Sinn des Hinblickes auf den Naturzustand, der Rousseaus »Lebenswelt« ist: »Rousseau will nicht, daß man in den Naturzustand zurückgehen, sondern dahin zurücksehen soll« (ebd., S. 890). An dieser Differenz eines einzigen Buchstabens entzünden sich vielleicht die meisten Mißverständnisse und heftigsten Zerwürfnisse des von Rousseau herrührenden geistigen und politischen Zustandes der folgenden zwei Jahrhunderte.

2 Meine erste Arbeit zum Problem der Technik nahm die traditionelle Antithese noch ganz selbstverständlich als Thema auf: »Das Ver-

hältnis von Natur und Technik als philosophisches Problem«, in: *Studium Generale* 4 (1951) S. 461–467. Anders dann in dem Brüsseler Kongreßvortrag »Technik und Wahrheit«, in: *Actes du XIème Congrès International de Philosophie*, Bd. 2, Brüssel 1953, S. 113–120.

3 Ernst R. Curtius, *Europäische Literatur und lateinisches Mittelalter*, Bern 1948, S. 213–218.

4 Husserls Werke werden, wo nicht anders angemerkt, zitiert nach: Edmund Husserl, *Gesammelte Werke. Husserliana*, Den Haag 1950 ff., unter Angabe von Band- und Seitenzahl. Die hier thematisch zentrale »Krisis«-Abhandlung steht in Bd. 6, 1954.

5 Edmund Husserl, *Formale und transzendentale Logik*, Halle 1929, S. 139, 146 (jetzt auch in: Husserliana, Bd. 17, 1974, wo die Paginierung der ersten Ausgabe angegeben wird).

6 Edmund Husserl, *Logische Untersuchungen*, Bd. 21, Halle ^{4}1928, S. 130 (*Husserliana*, Bd. 18, 1975). Rückblickend hat Husserl selbst den Ansatz der weiteren Entwicklung der Horizont- und Weltproblematik in den *Logischen Untersuchungen* darin erkannt, daß er »dort mit den okkasionellen Urteilen und ihrer Bedeutung nicht fertig werden« konnte (*Formale und transzendentale Logik*, S. 177 Anm.). Tatsächlich drängt alles auf die »Übertragung« der Intentionalitätsstruktur von der Objektimmanenz auf die Objekttranszendenz hin, also auf die Intentionalität der »Situationshorizonte« usw. Die vom eidetischen Anspruch her so lästige Okkasionalität der Bedeutungen enthüllte sich als bedingt durch den unaufhebbaren Sachverhalt, daß jedes Erlebnis seinen »Horizont nichterblickter Erlebnisse« hat (Bd. 3, S. 201). Die Mitgegebenheit des Ungegenwärtigen hat die Funktion »einer Idee im Kantischen Sinne« (Bd. 3, S. 202). Husserl formuliert es als einen »eidetisch gültigen und evidenten Satz«, daß »kein konkretes Erlebnis als ein im vollen Sinne selbständiges gelten kann« (ebd.; von mir korrigiert: »Selbständiges«).

7 Hierzu: Ludwig Landgrebe, »Husserls Abschied vom Cartesianismus«, in: *Philosophische Rundschau* 9 (1962) S. 133–177.

8 In der ganzen Phänomenologie ist die »Kontinuität« zwischen dem natürlichen Bewußtseinsleben und seiner Erfüllung in der Evidenz so selbstverständlich, daß z. B. von »Wissenschaft im

historisch ältesten Sinne« als einer »naiv geradehin sich vollziehenden Auswirkung der theoretischen Vernunft« gesprochen werden konnte (Husserl, *Formale und transzendentale Logik*, S. 1). Und Evidenz ließ sich bestimmen als »eine universale, auf das gesamte Bewußtseinsleben bezogene Weise der Intentionalität, durch sie hat es eine universale teleologische Struktur, ein Angelegtsein auf ›Vernunft‹ und sogar eine durchgehende Tendenz dahin« (ebd., S. 143). Aber der große ethische Appell des Krisis-Unternehmens erforderte so etwas wie einen verantwortlich-verbindlichen Willensakt am Anfang unserer »eigentlichen« Geschichte.

9 Husserl, *Formale und transzendentale Logik*, S. 220.

10 Novalis, *Schriften*, hrsg. von Paul Kluckhohn und Richard Samuel, Bd. 3, Darmstadt [2]1969, S. 295 f.

11 Husserl, *Logische Untersuchungen*, Bd. 6, S. 52. Zur »Ideenkleid«-Metapher Husserls vgl. Hans Blumenberg, *Paradigmen zu einer Metaphorologie*, Bonn 1960, S. 82 f.

12 Edmund Husserl, *Erfahrung und Urteil*, hrsg. von Ludwig Landgrebe, Hamburg 1948, S. 48.

13 Es ließe sich eine ganze sprachliche Arbeits- und Werkstättenwelt aus Husserls Wortschatz herausziehen, oft sich auf engem Raum häufend, wie z. B. Bd. 7, S. 142, 144, 146, 147, 150, 191, 204. Auch der fast schwelgerische Plural ist bezeichnend: »wahre Unendlichkeiten deskriptiver Arbeit« (Bd. 7, S. 110). Mit Recht hat Helmuth Plessner die Phänomenologie charakterisiert als einen »Weg, die Philosophie in die moderne Arbeitswelt einzugliedern« (*Husserl in Göttingen*, Rede zur Feier des 100. Geburtstages Edmund Husserls, Göttingen 1959, S. 9).

14 Gottfried Wilhelm Leibniz, »Animadversiones in partem generalem Principiorum Cartesianorum«, in: *Die philosophischen Schriften von Gottfried Wilhelm Leibniz*, hrsg. von Carl Immanuel Gerhardt, Bd. 4, Berlin 1880, S. 355. Das dem Cartesianismus entgegengehaltene Paradigma der Mathematiker ergibt: »[...] nam si voluissent differre theorematum aut problematum inventiones, dum omnia axiomata et postulata demonstrata fuissent, fortasse nullam hodie Geometriam haberemus« (ebd.).

15 Husserl, *Logische Untersuchungen*, Bd. 2,2, Halle [3]1922, S. 99. Die Rede von der »uns versagten reinen Anschauung« des empirischen Dinges scheint hier noch zumindest auf das Offenlassen der Möglichkeit eines originären Intellekts im kantischen Sinne hinzudeuten. Die spätere eidetische Deskription des physischen Gegenstandes setzt dessen diskursive Konstitution absolut (Bd. 3, S. 371); das ändert nichts daran, daß für den endlichen Intellekt die Diskursion notwendig defizient und ihre »Lücken« signitiv überbrückend ist.

16 Diese These habe ich näher begründet: »Nachahmung der Natur. Zur Vorgeschichte der Idee des schöpferischen Menschen«, in: *Studium Generale* 10 (1957) S. 266–283 (abgedr. in der vorliegenden Auswahl); »Ordnungsschwund und Selbstbehauptung. Über Weltverstehen und Weltverhalten im Werden der technischen Epoche«, in: *Das Problem der Ordnung*, Verhandlungen des VI. Deutschen Kongresses für Philosophie, Meisenheim 1962, S. 37–57; »Kontingenz«, in: *Die Religion in Geschichte und Gegenwart*, Bd. 3, Tübingen [3]1959, Sp. 1793 f.

17 Husserl, *Formale und transzendentale Logik*, S. 5.

18 Hannah Arendt, *Sechs Essays*, Heidelberg 1948, S. 52.

19 Husserl, *Formale und transzendentale Logik*, S. 219.

20 Zum Begriff der »Lebenswelt« vgl. noch: Aron Gurwitsch, »The last Work of Edmund Husserl II: The Lebenswelt«, in: *Philosophy and Phenomenological Research* 17 (1957) S. 370–398. Analogien zur »natürlichen Weltansicht« Ludwig Wittgensteins und zur Problematik der natürlichen Sprache im Neopositivismus hat Hermann Lübbe, »›Sprachspiele‹ und ›Geschichten‹. Neopositivismus und Phänomenologie im Spätstadium«, in: *Kant-Studien* 52 (1960/61) S. 220–243, angemerkt.

»Nachahmung der Natur«
Zur Vorgeschichte der Idee des schöpferischen Menschen

I

Fast zwei Jahrtausende lang schien es, als sei die abschließende und endgültige Antwort auf die Frage, was der Mensch in der Welt und an der Welt aus seiner Kraft und Fertigkeit leisten könne, von ARISTOTELES gegeben worden, als er formulierte, die »Kunst« sei Nachahmung der Natur, um damit den Begriff zu definieren, mit dem die Griechen das ins Reale wirkende Können des Menschen insgesamt erfaßten: den Begriff der τέχνη. Mit diesem Ausdruck bezeichneten die Griechen mehr als das, was wir heute »Technik« nennen; sie verfügten hier über einen Inbegriff für alle Fertigkeiten des Menschen, werksetzend und gestaltend wirksam zu werden, der das »Künstliche« ebenso wie das »Künstlerische« (worin wir heute so scharf unterscheiden) umfaßt. Nur in diesem weiten Sinne dürfen wir übersetzend den Ausdruck »Kunst« gebrauchen. »Kunst« nun besteht nach Aristoteles darin, »einerseits zu vollenden, andererseits (das Naturgegebene) nachzuahmen«.[1] Die Doppelbestimmung hängt mit der Doppeldeutigkeit des Begriffs von »Natur« als produzierendem Prinzip (*natura naturans*) und produzierter Gestalt (*natura naturata*) eng zusammen. Es läßt sich aber leicht sehen, daß in dem Element der »Nachahmung« die übergreifende Komponente liegt: denn das Aufnehmen des von der Natur Liegengelassenen fügt sich doch der Vorzeichnung der Natur, setzt bei der Entelechie des Gegebenen an und vollstreckt sie.[2] Dieses Einspringen der »Kunst« für die Natur geht so weit, daß Aristoteles sagen kann: wer ein Haus baut, tut nur genau das, was die Natur *tun würde*, wenn sie Häuser sozusagen »wachsen« ließe.[3] Natur und »Kunst« sind strukturgleich: die immanenten Wesenszüge der einen Sphäre können für die der anderen eingesetzt werden. Es ist also sachlich begründet, wenn die Tradition die aristotelische Definition auf die Formel »ars imitatur naturam« verkürzt hat, wie schon Aristoteles selbst sie in Gebrauch nimmt.[4]

Worin nun aber kann der aktuelle Sinn dessen liegen, daß wir den Voraussetzungen und geschichtlichen Wandlungen dieser Formel nachgehen sollten? Besteht der Mensch der Neuzeit nicht seit langem darauf, ein »schöpferisches« Wesen zu sein, und hat er nicht der Natur die Konstruktion schroff entgegengestellt? Und seit der PARMIGIANINO 1523 sein Selbstbildnis aus dem entstellenden Konvexspiegel malte – also das Natürliche im Künstlichen nicht sich bewahren und steigern, sondern sich brechen und transformieren ließ[5] –, ist im Kunstwerk die Signatur des schaffenden Menschen als des um seine Potenz Wissenden immer schärfer artikuliert worden. Als Selbsterprobung und Bezeugung seiner genuinen Seinsmächtigkeit ist die Kunst dem neuzeitlichen Menschen erst zur »eigentlich metaphysischen Tätigkeit dieses Lebens«[6] geworden, und an der Frage nach der Verbindlichkeit der Natur für das Kunstwerk hat sich das Bewußtsein der Absolutheit dieses Tuns wesentlich kondensiert. Die Ausmessung des Spielraums der artistischen Freiheit, die Entdeckung der Unendlichkeit des Möglichen gegenüber der Endlichkeit des Faktischen, die Lösung des Naturbezuges durch die historistische Selbstvergegenständlichung des Kunstprozesses, innerhalb dessen sich Kunst immer wieder an und aus Kunst generiert[7] – das sind Grundvorgänge, die nichts mehr mit der aristotelischen Formel zu tun zu haben scheinen. Es ist oft gesagt und gezeigt worden, daß die Welt, in der wir leben, eine Welt bewußter, ja pathetischer Überbietung, Entmachtung und Entstaltung der

Natur, eines tiefen Ungenügens am Gegebenen ist. Mag erst ANDRÉ BRETON für den Surrealismus die »ontologische« Formel gegeben haben, daß das Nichtseiende genauso »wirklich« (*intense*) sei wie das Seiende, so ist doch dies der exakte Ausdruck für die Möglichkeit des modernen Kunstwillens insgesamt, für die *terra incognita*, deren Unbetretenheit die Geister anlockt. Das Werk bezieht sich nicht hindeutend und präsentierend auf ein anderes, ihm vorgehendes Sein, sondern es ist originär in seinem Seinsanteil an der Welt des Menschen. »Ein neues Bild ist ein einmaliges Ereignis, eine Geburt, die das Weltbild, wie es der Menschengeist erfaßt, um eine neue Form bereichert.«[8] Das Neue zu sehen und hervorzubringen, ist nicht mehr eine Sache triebhafter »Neugier« im Sinne der mittelalterlichen *curiositas*, sondern es ist zum metaphysischen Bedürfnis geworden: der Mensch sucht das Bild zu bewahrheiten, das er von sich selbst hat. Nicht weil Not erfinderisch macht, ist »Erfindung« der signifikative Akt in der modernen Welt; und nicht, weil unsere Wirklichkeit so mit technischen Strukturen durchsetzt ist, tauchen sie in den Kunstwerken der Zeit abbildlich auf – hier ist vielmehr die prägende Kraft des homogenen Impulses zu verspüren, der auf Artikulation eines radikalen Selbstverständnisses des Menschen drängt. Woher aber die Gewalt und Mächtigkeit, mit der dieses Selbstverständnis sich zu verstehen geben will?

Eben diese Frage wird man nicht zureichend beantworten können, wenn man nicht ins Auge faßt, *wogegen* sich der neuzeitliche Begriff des Menschen von sich selbst *durchzusetzen* hatte. Das vehemente Pathos, mit dem das Attribut des Schöpferischen dem Subjekt hinzugewonnen worden ist, wurde angesichts der überwältigenden Geltung des Axioms von der »Nachahmung der Natur« aufgeboten. Diese Auseinandersetzung ist noch nicht abgeschlossen, während schon neue Formeln zu triumphieren scheinen. Aber es ist nicht nur eine politische Weisheit, daß sich der Besiegte für den Sieger im Augenblick des Sieges aus dem Feind in eine Hypothek verwandelt. Läßt ein Widerstand nach, gegen den alle Kräfte aufgeboten werden mußten, so tragen die mobilisierten Energien leicht über die erstrebte Position hinaus.

II

Ich versuche zunächst, den geschichtlichen Raum genauer zu bestimmen, in dem sich diese Auseinandersetzung abspielt. Ungreifbar, wie die »Anfänge« nun einmal bei allem Geschichtlichen sind, ist der *terminus a quo*, den ich wähle, schon eine Gestalt ausgeprägter Frühreife unseres Problems: ich meine die Figur des Idiota in den drei Dialogen des NIKOLAUS VON CUES aus dem Jahre 1450. Zur Charakterisierung dieser Dialogfigur genügt es nicht, das neue Selbstbewußtsein des »Laien« im 15. Jahrhundert, wie es sich hier reflektiert, soziologisch aus dem Gegensatz gegen den Kleriker herzuleiten. Der Cusaner konfrontiert seinen *Idiota* sowohl mit dem Philosophen als dem Vertreter der Scholastik wie auch mit dem Rhetor als dem Repräsentanten des humanistischen Typus.[9] Sicher ist der cusanische »Laie« mitbestimmt durch den Gegensatz der Mystik und der *devotio moderna* gegen den Schul- und Bildungshochmut der Zeit. Aber die Ironie des Tones, in dem dieser *illiteratus* den Leuchten der Wissenschaft begegnet, der gleichsam demokratische Stil, in dem er ohne Rücksicht auf die Ungleichheit der Voraussetzungen mitzureden beansprucht, haben doch noch ein anderes Fundament: es deutet sich eine neue Prägung des Menschen an, der sich selbst aus dem heraus versteht und seine Geltung rechtfertigt, was er tut und kann – aus seiner »Leistung«, würden wir sagen. Der historisch keineswegs selbstverständliche Verbund von Leistung und Selbstbewußtsein ist an dem cusanischen Idiota greifbar, und zwar gerade in der Hinsicht, die uns hier beschäftigt.

Im zweiten Kapitel des Dialoges *De mente* führt der »Laie« seinen Gesprächspartnern, dem Philosophen und dem Rhetor, vor, was sein eigenes Handwerk, die ihren Mann nur bescheiden nährende und im öffentlichen Kurs so niedrig notierte Löffelschnitzerei, ihm selbst für sein Selbstverständnis und seine Selbstwertung bedeutet. Zwar ist auch diese »Kunst« Nachahmung, aber nicht Nachahmung der Natur, sondern Nachahmung der *ars infinita* Gottes selbst, und zwar insofern diese originär, urzeugend, schöpferisch ist, nicht aber insofern sie faktisch diese Welt geschaffen hat. »Coclear extra mentis nostrae ideam non habet exemplar.« Der Löffel, kein Hochprodukt gerade der Kunst, ist doch etwas absolut Neues, ein in der Natur nicht vorgegebenes Eidos, und der schlichte »Laie« ist der Mann, der das hervorbringt: »non enim in hoc imitor figuram cuiuscunque rei naturalis«. Die Formen von Löffeln, Töpfen, Tellern, die der »Laie« herstellt, sind rein technische Formen, und es ist von der Freude über diesen Sachverhalt bis zu seiner Akzentuierung am Produkt selbst als Grundzug des modernen »industrial design« kein Sprung mehr nötig. Der Mensch blickt nicht mehr auf die Natur, den Kosmos, um seinen Rang im Seienden abzulesen, sondern auf die Dingwelt, die *sola humana arte* entstanden ist.[10] Wichtig an unserer Stelle ist weiter, daß sich der Idiota mit seiner »Leistung« ausdrücklich absetzt gegen das, was Maler und Bildhauer zustande bringen, die doch ihre *exemplaria a rebus* hernähmen – »non tarnen ego« (ich aber nicht). Es ist von unschätzbarer signifikativer Bedeutung, daß hier das ganze Pathos des schöpferisch-originären Menschen und der Bruch mit dem Nachahmungsprinzip beim *technischen*, nicht beim *künstlerischen* Menschen hervortreten. Diese Differenz wird hier wohl zum ersten Male *positiv* betont, und darin liegt wesentlich der Wert des Zeugnisses, wenn man sich gegenwärtig hält, wie fast ausschließlich sich in der Folge die Bezeugung des Schöpferischen auf bildende Künste und Poesie konzentriert: daß dort der Autor von sich selbst und seiner schaffenden Spontaneität zu sprechen beginnt, gehört seit dem Ende des Mittelalters geradezu zur Erscheinungsform der Kunst.

Die Geschichte des technischen Geistes dagegen ist überaus arm an solchen Selbstzeugnissen ihrer Träger. Das ist nicht nur ein typologisches Phänomen, das den nüchternen Mann der Konstruktion charakterisiert. Es ist auch nicht nur ein soziologisches Phänomen der öffentlichen Wertung und Aufmerksamkeit, die sich erst mit der Beachtung der *artes mechanicae* durch die französische *Enzyklopädie* der geistigen Ursprungssphäre des technischen Produkts zuwenden. Es ist vor allem ein Phänomen der »Sprachlosigkeit« der Technik. Für den Dichter und Künstler war schon in der Antike ein Arsenal von Kategorien und Metaphern, bis ins Anekdotische hinab, bereitgestellt worden, das zumindest in der Negation zu sagen gestattete, wie sich der schöpferische Prozeß neuerdings verstanden wissen wollte. Für die herankommende technische Welt stand keine Sprache zur Verfügung, und es versammelten sich hier wohl auch kaum die Menschen, die sie hätten schaffen können. Das hat schließlich zu dem erst heute – da die technische Sphäre erstrangig »gesellschaftsfähig« geworden ist – kraß auffallenden Sachverhalt geführt, daß die Leute, die das Gesicht unserer Welt am stärksten bestimmen, am wenigsten wissen und zu sagen wissen, was sie tun. Autobiographien von großen Erfindern sind – im Gegensatz zur raffiniert gesteigerten Selbstdeutung des modernen Künstlers – von oft rührender Ohnmacht der Sprache dem Phänomen gegenüber, das sie verständlich machen wollen. Nur ein Beispiel: ORVILLE WRIGHT hat der Erfindung der ersten Flugmaschine die typische Stilisierung gegeben, daß die Brüder Wright sechs Jahre vor ihrem ersten Flug in Kitty Hawk ein Buch über Ornithologie in die Hand bekommen hätten und ihnen dabei aufgestoßen sei, warum der Vogel eine Fähigkeit besitzen sollte, die der Mensch nicht durch maßstäbliche Nachbildung der physischen Mechanismen sich aneignen könnte.[11] Das ist noch genau der Topos, den LEONARDO DA VINCI vier Jahrhunderte zuvor gebraucht hatte[12] – er freilich, und selbst noch LILIENTHAL[13], mit Recht, da sie wirklich eine homomorphe Konstruktion erstrebten. Der Hiatus liegt zwischen Lilienthal und Wright: die Flugmaschine ist gerade dadurch wirkliche *Erfindung*, daß sie sich von der alten Traumvorstellung der Nachahmung des Vogelflugs freimacht und das Problem mit einem neuen Prinzip löst. Die Voraussetzung des Explosionsmotors (der seinerseits eine wirkliche Erfindung repräsentiert) ist dabei noch nicht einmal so wesentlich und charakteristisch wie die Verwendung der Luftschraube, denn rotierende Elemente sind von reiner Technizität, also weder von *imitatio* noch von *perfectio* herzuleiten, weil der Natur rotierende Organe fremd sein müssen. Ist es etwa zu kühn, wenn man behauptet, daß das Flugzeug so in der Immanenz des technischen Prozesses darinsteht, daß es auch dann zu dem Tage von Kitty Hawk gekommen wäre, hätte nie ein Vogel die Lüfte belebt?

Aber die Berufung auf den schon vorhandenen und das Fluggeschäft gottgegebenerweise ausübenden Vogel hat gar nicht so sehr die Funktion einer genetischen Erklärung. Sie ist vielmehr der Ausdruck für das mehr oder weniger bestimmte Gefühl der *Illegitimität* dessen, was der Mensch da für sich beansprucht. Der Topos der Naturnachahmung ist eine Deckung gegenüber dem Unverstandenen der menschlichen Ursprünglichkeit, die als metaphysische Gewaltsamkeit vermeint ist. Solche Topoi fungieren in unserer Welt, wie in modernen Kunstausstellungen die naturalistischen Titel unter abstrakten Bildern stehen. Das Unformulierbare ist das Unvertretbare.

Das Paradies war: für alles einen Namen zu wissen und durch den Namen sich geheuer zu machen. Wo das λόγον διδόναι (in seinem Doppelsinn!) versagt, neigen wir dazu, von »Dämonie« der Sache zu sprechen, wie die vielgebrauchte »Dämonie der Technik« für unsere Thematik belegt. Eine solche Problematik wie die der modernen Technik ist dadurch gekennzeichnet, daß wir zwar ein »Problem« empfinden, es zu formulieren aber in unausgesetzter Verlegenheit sind. Diese Verlegenheit eben soll hier auf die Geltung der Formel von der »Kunst« als Nachahmung der Natur zurückgeführt werden, indem ich zu zeigen versuche, daß und weshalb diese Idee unsere metaphysische Tradition derart beherrscht hat, daß für die Konzeption des *authentischen* Menschenwerkes kein Spielraum blieb. Das schöpferische Selbstbewußtsein, das an der Grenze von Mittelalter und Neuzeit aufbrach, fand sich ontologisch unartikulierbar: als die Malerei nach ihrer »Theorie« zu suchen begann, assimilierte sie sich die aristotelische Poetik; der schöpferische »Einfall« metaphorisierte sich als *entusiasmo* und in den Ausdrücken einer säkularisierten *illuminatio*. Verlegenheit der Artikulation angesichts des Übergewichts der metaphysischen *imitatio*-Tradition *und* der Renaissancegestus der Rebellion gehören zusammen. Das ontologisch fraglos Gewordene bildet eine Zone der Legitimität, in der sich neue Verständnisweisen nur gewaltsam durchsetzen können. Man denke an den »Ausbruch« des *Originalgenies* noch im 18. Jahrhundert, der im Idealismus sozusagen systematisch aufgefangen wurde.

Erst im historischen Nachhinein sieht man, was der Versuch des Cusaners hätte bedeuten können, mit der Ironie seines löffelschnitzenden Idiota die bestürzende Idee vom Menschen als einem seinsoriginären Wesen so zu formulieren, daß sie als notwendige Konsequenz und legitime Explikation der theologischen Auffassung vom Menschen als dem gottgewollten Ebenbild Gottes, als dem (in der Hermetik vorformulierten) *alter deus*, hervortrat. An seiner geschichtlichen Wirksamkeit gemessen, ist dieser Versuch, die Neuzeit gleichsam als immanentes Produkt des Mittelalters heranzuführen – ein Unternehmen, innerhalb dessen die metaphysische Legitimierung des Attributs des Schöpferischen für den Menschen nur *eine* Komponente darstellt –, nicht gelungen. Wir haben den *Idiota* des Cusaners als historisches Indiz, nicht als geschichtsbildende Energie zu betrachten. Denn das Fazit der neuzeitlichen Geistesgeschichte ist der Antagonismus von Konstruktion und Organismus, von Kunst und Natur, von Gestaltungswillen und Gestaltgegebenheit, von Arbeit und Bestand. Das menschliche Schaffen sieht seinen Wirkungsraum sich durch das Gegebene benommen. NIETZSCHE hat auch diesen Sachverhalt am schärfsten formuliert, wenn er im *Zarathustra* sagen läßt, daß »wer ein Schöpfer sein will im Guten und Bösen, der muß ein Vernichter erst sein und Werte zerbrechen. Also gehört das höchste Böse zur höchsten Güte: diese aber ist die schöpferische«[14]. Hier ist der Nihilismus funktional dem seinsoriginären Anspruch des Menschen zugeordnet; aber sogleich ist zu fragen, ob nicht das, was hier wie ein Seinsgesetz ausgesprochen ist, vielmehr die geschichtliche Situation kennzeichnet, in der der Mensch seine schöpferische Freiheit durch eine bestimmte (eben die hier näher zu ergründende) metaphysische Tradition verstellt findet. Der Antinaturalismus des 19. Jahrhunderts ist getragen von diesem Gefühl der Beengung der authentischen Produktivität des Menschen durch einen lästigen Bedingungshorizont. Das neue Pathos der Arbeit richtet sich gegen die Natur: COMTE prägt den Ausdruck »Antinatur«, MARX und ENGELS sprechen von »Antiphysis«. Die Natur hat nicht nur ihre exemplarische Verbindlichkeit verloren und ist zum Objekt nivelliert worden, dessen theoretische und praktische Bemeisterung seine Bedeutung ausschöpft; sie ist vielmehr so etwas wie die Gegeninstanz des technischen und künstlerischen Willens geworden. Ihre Wirkung auf die emotionelle Empfänglichkeit des Menschen erweckt Mißtrauen: das In-sich-Beruhende, Ausreifende, Zu-sich-Zurückkehrende der Natur hat den Charakter der Versuchung für die Eindeutigkeit des menschlichen Werkwillens angenommen.[15] In unserem Jahrhundert hat sich dazu die Erfahrung eingestellt, daß das natürliche Material einerseits, die physische Ausstattung des Menschen andererseits auf eine lästige Weise den Anforderungen nicht gewachsen sind, die das technische Werk an sie stellt. Eine eigentümliche Trägheit enthüllt sich als Qualität des Organischen; das Konzept, sie zu überwinden, ist zuerst in der Idee der »organischen Konstruktion« des *Arbeiters* von ERNST JÜNGER rücksichtslos entwickelt worden.

Das ist, in Andeutungen, der *terminus ad quem* des geschichtlichen Prozesses, dessen metaphysischen *terminus a quo* wir hier betrachten wollen. Die metaphysische Exklusivität des Naturbegriffes hat, wie sich näherhin zeigen wird, den legitimen Spielraum des authentisch menschlichen Werks eliminiert oder, richtiger: unvorgesehen gelassen; am Ende des gewaltsamen Gegenzuges ist der Natur selbst durch den absoluten Anspruch des Werkes in Technik und Kunst ihr Geltungsbereich bestritten. Und nicht zufällig hat die Kunst in der Philosophie seit dem Idealismus überall dort, wo man nach dem, was »Sein« ist, glaubt fragen zu können, eben den exemplarischen Rang eingenommen, den in der Antike und der von ihr abhängigen Metaphysik die Natur innehatte.

Vielleicht hat sich vor dem Leser unsere These nun so weit präzisiert, daß ohne Zumutung eines Gedankensprunges formuliert werden kann, das neuzeitliche Pathos der authentisch menschlichen Hervorbringung in Kunst und Technik entspringe der Widersetzlichkeit gegen die metaphysische Tradition der *Identität von Sein und Natur* und die Bestimmung des Menschenwerkes als »Nachahmung der Natur« sei die genaue

Konsequenz dieser Identität gewesen. Hier wird nun freilich eine gründlichere Untersuchung der historischen Basis unumgänglich.

III

Es lohnt sich, mit einem Blick in das zehnte Buch der platonischen *Politeia* zu beginnen. Bekanntlich führt PLATO hier seine Polemik gegen die Dichtung und darstellende Kunst überhaupt, und zwar mit einer Argumentation, die nicht so sehr auf deren negative Wirkungen abgestellt ist, als vielmehr ihre *Herkunft*, ihren ontologischen Fundierungszusammenhang ins Auge faßt. Daß die Kunst die Natur nachahmt, ist dabei nicht nur eine Feststellung, sondern schon der entscheidende Einwand. Um diesen Einwand besonders scharf zu profilieren, wählt Plato als Paradigma zwei elementare Gebrauchsgegenstände (σκεύη), Bett und Tisch. Der Handwerker (δημιουργός) stellt sie *her*, der Maler (ζωγράφος) stellt sie nur *dar*. Der Handwerker ist aber nicht auch der »Erfinder« von Bett und Tisch, denn kein Handwerker bringt deren *Idee* als solche hervor.[16] Hier haben wir eine Definition von *Erfindung* in der Negation vorausgesetzt: sie ist das Hervorbringen der Idee selbst. Woher aber nimmt der Handwerker die Ideen von Bett und Tisch, da er sie doch nicht selbst hervorbringt und auch nicht derartige Grundgestalten in der gegebenen Realität vorfindet? Die Antwort darauf lautet: es gibt in der Ideenwelt für Tisch und Bett genauso Ideen wie für die schon vorhandenen Weltdinge.[17] Der Handwerker hat diese Ideen als etwas ihm Vorgegebenes im geistigen Blick, wenn er solche Zeugdinge herstellt; der Maler aber blickt nicht auf die Idee selbst, sondern auf das ihr schon Nachgebildete. Ihm dies zum Vorwurf zu machen, daraus eine Kritik der nachbildenden Künste abzuleiten, impliziert nun aber notwendig die Prämisse, daß *Nachahmung etwa Negatives* ist. Zwar gebraucht Plato den Ausdruck »Nachahmung« durcheinander und füreinander mit dem der »Teilhabe«, oft für ein und denselben Sachverhalt; aber es ist doch deutlich zu erkennen, daß μέθεξις ein *positives* Vorzeichen hat, indem es die Beziehung des realen Dinges zu der Eigentlichkeit seiner Idee betont, während μίμησις eher die *Negativität* der Differenz zwischen Urbild und Abbild, den Defekt des phänomenalen gegenüber dem idealen Sein akzentuiert.[18] Nachahmung heißt eben: das Nachgeahmte selbst *nicht sein*.[19] Kunst ist also nur ein Seinsderivat, im Beispiel des abgebildeten technischen Gegenstandes sogar erst »an dritter Stelle vom eigentlich Seienden entfernt stehend«[20]. Der Handwerker mag mit dem Bedürfnis entschuldigt sein, dem sein Werk Genüge tun will – womit aber kann der Maler sich rechtfertigen?

Diesen negativen Aspekt der Ideenmimesis hat die weitere Geschichte des Platonismus so verstärkt, daß schließlich schon die *erste* Nachahmung, die Begründung des sichtbaren Kosmos durch den Weltdemiurgen, ein negatives Vorzeichen bekommen mußte. Diese neuplatonische Einseitigkeit muß man im Auge behalten, wenn man das Motiv verstehen will, das gerade den spätmittelalterlichen Platonismus an der Überwindung der Mimesis-Formel für das Kunstwerk so stark beteiligt sein ließ: daß »Nachahmung der Natur« eine die *Würde* des Menschenwerks infragestellende Bestimmung sein könnte, ist von der *aristotelischen* Tradition her (die sie sich vor allem zu eigen gemacht hatte) niemals verstanden worden bzw. auch nur verstehbar geworden.

Für Plato selbst freilich muß dem mit der Methexis-Vorstellung verbundenen positiven Aspekt wohl noch der Vorrang gegeben werden. Es läßt sich das leicht verstehen, wenn man die ursprüngliche Frontstellung der sokratisch-platonischen Ideenlehre gegen die *Sophistik* bedenkt. In der griechischen Sophistik ist der Gedanke der absoluten Setzung, der im Vorgegebenen unbegründeten θέσις, zuerst gedacht worden.[21] Aber dieser Vorstellung fehlt noch alles, was einmal den Begriff des »Schöpferischen« qualifizieren sollte. Staat, Sprache, Sitte sind hier zwar durch menschliche Setzung entstanden und menschlicher τέχνη unterworfen, und die »Geschichte« wird zum erstenmal in der sophistischen Rhetorik als Produkt menschlichen Machens begriffen – aber dieser Leistung kommt doch nichts Auszeichnendes zu, vielmehr ist ihr »technischer« Zug Ausdruck einer Bedürftigkeit des Menschen, eines Mangels an natürlicher Mitgift, an vorfindlicher Ordnungsstruktur. Auch fehlte es der Sophistik an einem Begriff des geistigen Subjekts, dem eine solche metaphysische »Auszeichnung« hätte zugeschrieben werden können. »Setzung« ist zwar Kontrastbegriff zu »Natur«, aber gerade dadurch gerät sie in die Nähe der bloßen τύχη, in der dieser Gegensatz generell ausgedrückt ist. Was mußte geschehen, um der hier zum erstenmal ausgebildeten Vorstellung einer absoluten Spontaneität menschlichen Handelns ihre metaphysische Dignität zu verschaffen? Die Antwort ist im nachhinein leicht zu geben: Die »Setzung« bekommt ihre metaphysische Würde erst dadurch, daß sie als theologischer Begriff, als Attribut des Göttlichen entdeckt wird. Erst die Transplantation einer Vorstellung auf den theologischen Nährboden macht sie virulent, um in der Geschichte des menschlichen Selbstverständnisses jene Attraktion auszuüben, die – von der mystischen Sehnsucht nach der ὁμοίωσις θεῷ bis zur trotzigen Usurpation göttlicher Attribute in dem, was man die Hybris der Renaissance genannt hat – den Willen bewegt. Es geht also hier gar nicht primär um die Frage, wo die Authentizität der menschlichen Werksetzung zuerst konzipiert wurde, sondern wo sie zu ihrem einzigartigen metaphysischen Rang gekommen ist, der das Denken einer Epoche auf diese Idee zentrieren konnte. Not hat zwar seit je erfinderisch gemacht, wie das Sprichwort sagt, aber sie vermag der Idee der Erfindung nicht den Glanz zu geben, der zu ruheloser Selbstbestätigung in dieser Qualität treibt.

Die sophistische Thesis begründet Schein, *nicht Sein*, sie hat keinen Bezug zur *Wahrheit*: τέχνη und ἀλήθεια bleiben einander fremd. In diese Grundlosigkeit des menschlichen Tuns *Grund* zu bringen, Seinsbezug, Verbindlichkeit – das war das Motiv der Ideenlehre und der ihr korrelaten Mimesis-Vorstellung. Der Handwerker, der Bett und Tisch herstellt, macht etwas *Neues* nur im Hinblick auf die phänomenale Welt, nicht aber im Hinblick auf den idealen Kosmos, in dem es die Ideen dieser Zeugdinge *immer schon gibt*. Wenn Plato nun sagt, diese Ideen bedeuteten das Bett bzw. den Tisch ἐν τῇ φύσει[22], dann ist der spezifisch platonische Ursinn der Formel von der »Nachahmung der Natur« greifbar: die Natur nachzuahmen, heißt, die Idee nachzubilden. Wie nun aber weiter? Ist die Idee selbst noch auf einen Ursprung hin befragbar oder ist sie das ursprungslos Absolute selbst? Ist die Vorstellung eines *schöpferischen* Aktes der platonischen Metaphysik fremd?

Der Platonismus der Tradition jedenfalls hat diesen Eindruck erweckt; es wird sich zeigen, wie es dazu kam. An unserer Stelle jedoch, im zehnten Buch der *Politeia*, wird ausdrücklich gesagt, es sei der Gott, der wahrhaft Hervorbringer des eigentlich seienden Bettes – nicht irgendeines beliebigen, wie es irgendein beliebiger Handwerker herstellt – sein wollte und es so in der Einheit seiner Natur als »Idee« begründete.[23] Dreimal kurz hintereinander insistiert Plato auf dieser Aussage, und er nennt den wesenbegründenden Gott den φυτουργός. Hier ist *Schöpfung* als Akt der Urzeugung von Wesenheit zum erstenmal erfaßt und zum Attribut der Gottheit gemacht. Man sollte denken, diese Konzeption des Schöpfungsbegriffs in seiner Radikalität hätte spätestens in dem Augenblick erkannt und anerkannt werden müssen, als es darum ging, die biblische

Schöpfungsidee mit den Mitteln der antiken Metaphysik zu artikulieren und traditionsfähig zu machen. Aber, wie oft genug nachgewiesen worden ist, hat sich in dieser Funktion ein anderes Element des platonischen Werkes durchgesetzt: der Demiurgenmythos des *Timaios*. Im Demiurgen wird die Präfiguration des biblischen Schöpfergottes gesehen werden. Aber der Demiurg ist *nicht schöpferisch*. Er ist – seiner Handlungsstruktur, nicht seinem metaphysischen Range nach – genauso Handwerker wie der Tischler im zehnten Buch der *Politeia*. Der Demiurg des *Timaios* hat eine kosmologische, keine ontologische Begründungsfunktion: er soll erklären, weshalb es überhaupt neben dem Ideenkosmos noch sein phänomenales Pendant gibt, also eine Verlegenheit der platonischen Philosophie überbrücken, an der dann Aristoteles so nachhaltig Anstoß nahm. Die Funktion des Demiurgen ist eine *dienstbare*, dem absoluten Sein der Ideen untergeordnete; nicht auf diesem »Schöpfer«, sondern auf seinem Werkmodell liegt der metaphysische Akzent. Er bringt nur das eigentlich Seiende (das man sich als zur Selbstmitteilung drängend vorstellen muß, wie es die Neuplatoniker getan haben) zur faßbaren Erscheinung, er übersetzt es in die Sinnensprache. Ob das Urbild solcher »Verkündigung« bedarf, ist eine unwichtige Frage, allerdings nur so lange wie der Demiurg nicht selbst der Gott ist, der als Prinzip des Guten gerechtfertigt werden muß. Eben diese Identifizierung des Demiurgen mit Gott wird aber schon im ersten vorchristlichen Jahrhundert eingeleitet und beherrscht den christlichen Platonismus. Daß in der geschichtlichen Rezeption der φυτουργός der *Politeia* keinen Widerhall findet und statt dessen der δημιουργός des *Timaios* die maßgebende Vorstellung wird, bedeutet, daß der Begriff der »Schöpfung« mit den kategorialen Mitteln des Strukturschemas der »Nachahmung« ausgelegt werden mußte. So wenig es hier schon um das Verständnis *menschlicher* Spontaneität ging, so wesentlich wurde dieses doch hier *vorentschieden*, wenn man den typischen Prozeß der theologischen Inkubation der begrifflichen Elemente der Selbsterfassung der Subjektivität in Rechnung stellt. Die Übertragung der Demiurgenvorstellung auf den Gottesbegriff impliziert die entscheidende Sanktion des Prinzips der »Nachahmung der Natur«.

Aber noch in einem weiteren Punkt bringt der *Timaios* eine wichtige Modifikation der im zehnten Buch der *Politeia* dargestellten Position. Aristoteles berichtet uns den – angesichts des bisher Dargelegten – erstaunlichen Sachverhalt, daß es nach Ansicht der Akademie für künstliche Dinge, wie das Haus oder den Ring, keine Ideen gäbe.[24] Wie ist es dazu gekommen, daß bei Plato oder in seiner Schule die Ideen der technischen Gegenstände wieder aufgegeben worden sind? Vom *Timaios* her läßt sich das leicht einsehen. Der Demiurg bildet im vorgegebenen Stoff die vorgegebenen Urbilder nach; aber er waltet dabei nicht nach Belieben, nicht auswählend. Für ihn gilt das Prinzip des optimalen Effekts: der von ihm verfertigte Kosmos ist das Beste, was überhaupt entstehen konnte (κάλλιστος τῶν γεγονότων), und der Demiurg wird durch sein Werk als ἄριστος τῶν αἰτίων qualifiziert.[25] Die Ideenlehre selbst, in ihrer ontologisch-ethischen Doppelfunktion, macht diese Feststellung unumgänglich: die Ideen sind ja nicht nur Vorlagen, *wie* dieses Werk gemacht werden *kann*, sondern zugleich verpflichtende Normen, *daß* es so gemacht werden *soll*. Daraus folgert Plato sowohl die Einzigkeit des realen Kosmos als auch seine *Vollständigkeit* hinsichtlich des idealen Modells.[26] Das aber heißt nun: der Demiurg schöpft das Potential der Ideen aus, das Reale repräsentiert erschöpfend das Ideale. Alles Mögliche ist *schon da*, und für das Werk des Menschen bleiben keine unverwirklichten Ideen übrig. Diese gravierende Abweichung vom zehnten Buch der *Politeia* macht die Frage nach der Herkunft des menschlichen Werkes zur bleibenden Verlegenheit des Platonismus. Aristoteles hat die einzig mögliche Konsequenz gezogen: alles hergestellte »Neue« geht auf schon Daseiendes zurück. Die Idee der vollständigen Entsprechung von Möglichkeit und Wirklichkeit läßt nicht zu, daß der Mensch geistig *originär* wirken kann. Ontologisch bedeutet das: durch das Menschenwerk kann das Seiende nicht »bereichert« werden, oder anders ausgedrückt: im Werk des Menschen geschieht essentiell *nichts*. Das menschliche Gebilde hat keine ihm eigene und eigentliche Wahrheit. Kein Wunder also, daß es der traditionellen Metaphysik nichts zu sagen hatte.[27]

IV

Bei Plato ist bereits die ganze Konzeption angelegt, für die ARISTOTELES die traditionsgängige Formel gefunden hat. Die Ewigkeit der Urbilder wird zur Ewigkeit der realen Welt selbst, und die Vollständigkeit der Entsprechung zwischen Ideen und Erscheinungen wird zur Einzigkeit und Vollständigkeit des Kosmos im Hinblick auf den Begriff der *Möglichkeit*. Das Moment der Exemplarität ist mit dieser aristotelischen Transformation geschwächt: *warum* die Natur nachgeahmt werden *soll*, war von Plato her besser zu verstehen, insofern die reale Welt als das schlechthin bestfundierte Werk erschien, dem gegenüber auf anderes zu sinnen unsinnig sein mußte. Hier wird die *Stoa* wieder ansetzen. Was aber bei Aristoteles eindeutiger als bei Plato heraustritt, ist die Notwendigkeit, warum ein Werk immer nur Wiederholung der Natur sein *kann*. Natur ist der Inbegriff des überhaupt Möglichen. Geist kann gar nicht anders bestimmt werden denn als eine Fähigkeit in bezug auf das All des Schon-Seienden. Möglich ist immer nur, was seiner μορφή nach schon wirklich ist: der Kosmos ist das All des Wirklichen und des Möglichen zugleich. So ist das immanente

Gesetz aller Bewegung (in dem weitesten Sinn von Veränderung, den dieser Begriff bei Aristoteles hat) die ewige *Selbstwiederholung des Seins*. Diese Grundstruktur übergreift Ding und Geist, Natur und »Kunst«, sie ist letztlich die innere Struktur des absoluten Seienden der aristotelischen Metaphysik: der »unbewegte Beweger« ist die reine geistige Form der Selbstwiederholung in der νόησις νοήσεως, im sich selbst denkenden Denken. Diese in sich verschlossene Selbstgenügsamkeit des Absoluten ist ebensowenig nach außen schöpferisch wie nach innen zeugerisch (wie erstaunlich, daß die christliche Theologie sie dennoch zum Modell nahm!). Die Selbstwiederholung des Absoluten geht im Kosmos in die Struktur der »Nachahmung« über: dieses Prinzip erklärt schon die ungetrübte Kreisform der ersten Sphärenbewegung als liebende Assimilation an das rein in sich zurückkehrende Höchste, es spiegelt sich im Kreislauf des Wassers der Meteorologie[28], es ist das Grundgesetz aller generativen Prozesse, in denen das Zeugende immer nur wieder seine eigene Wesensform produziert. Am allgemeinsten schließlich: Seiendes kommt nur aus Seiendem.[29] Die τέχνη steht in dieser kosmischen Prozeßordnung tief unten: der Produzierende wiederholt ja nicht sich selbst; nur mittelbar – eben durch das notwendige Angewiesensein auf »Nachahmung« – ist der technische Akt in die kosmische Grundstruktur zurückgebunden, ist er nicht bloße βία oder τύχη. So ist auch die »Kunst« noch für den Kosmos »gerettet«, ihm funktional inkorporiert, bezeugt seine Einzigkeit und Vollständigkeit. Im Grunde ist die Theologisierung des Kosmos, die erst die Stoa vollziehen wird, hier schon beschlossen. Wo das Seiende als ganzes absolut ist, kann es »Bereicherung« an Sein nicht geben, selbst durch Gott nicht. Der Wille hat keine Seinsmacht; er kann nur wollen, was schon ist, kann nur – wie der Gott auch – »in Bewegung halten«. Die Homogeneität der aristotelischen Lehre von der Erkenntnis innerhalb dieses Ganzen seiner Metaphysik versteht sich von selbst.[30]

In der Interpretation der aristotelischen Mimesis ist wiederholt auf die Bedeutung des dynamischen Naturbegriffs hingewiesen worden, der nicht so sehr den gegebenen eidetischen Gesamtbestand bedeutet, als vielmehr den Inbegriff der generativen Prozesse, die diesen Bestand jederzeit bedingen: »the creative force, the productive principle of the universe«.[31] Es ist die klassische Unterscheidung von *natura naturans* und *natura naturata*. Einen entscheidenden ontologischen Zuwachs gegenüber Plato vermag ich auch dann nicht zu sehen: selbst wenn man, ohne Rücksicht auf die letzte Gestalt der platonischen Lehre, die *Statik* der Ideenwelt unterstellt, ist doch in der Funktion des Demiurgen die initiierende *Dynamik* konzentriert. Dies alles – Ideen, Stoff, Demiurg – muß Aristoteles im Naturbegriff unterbringen; das führt zur Mehrdeutigkeit, die auf die Mimesis-Vorstellung übergeht. »Nachahmung der Natur« bedeutet so nicht nur Reproduktion eines eidetischen Bestandes, sondern Nachvollzug des produktiven Vorganges: »art in general imitates the method of nature«.[32] Ich kann dieser Unterscheidung für unsere Fragestellung keine entscheidende Bedeutung beimessen, da doch für Aristoteles alle generativen Prozesse der Natur durch einen unverrückbaren eidetischen Bestand reguliert sind. Die Natur wiederholt sich in ihrer Selbstproduktion ewig – was erlaubt, ihr »creative force« zuzuschreiben? Hier sind offenkundig Implikationen des modernen, durch die Evolution bestimmten Naturbegriffs herangetragen, die dann konsequent dazu führen, daß das ἐπιτελεῖν in der aristotelischen Definition der »Kunst« überdeutet wird. Inwiefern kann die Natur überhaupt einer Vollendung bedürfen? Mangel heißt hier jedenfalls nie so etwas wie eine »Leerstelle«, sondern nur das je faktisch *noch nicht* erreichte *Werdeziel*. Wenn Aristoteles sagt, es sei Sache des Künstlers, die Naturdinge nachzuahmen, wie sie *sein sollen*[33], so bedeutet das nicht den Hinweis auf irgendeine diesen Gegenständen transzendente Norm, sondern die »Extrapolation« aus dem Werdeprozeß auf das Werdeziel, von der γένεσις auf ihr τέλος. Damit es sich die »Kunst« nicht am jeweilig faktischen *Zustand* des Seienden genug sein läßt, sondern es auf das darin gestaltend wirksame *Werdeziel*, die ἐντελέχεια, absieht, ist die generative Seite des Naturbegriffs für die Mimesis wesentlich, aber dies doch nur deshalb, weil nach und trotz der Beseitigung der Ideen eben immer noch so etwas wie »Idealität« benötigt wird, um zu verstehen, was den Menschen in seinem Werk, vor allem: was ihn im Kunstwerk bestimmt. Sollte die Natur einmal ihre eidetische Konstanz verlieren, würde auch die aristotelische Lehre von der »Kunst« ihr Fundament einbüßen: wo ist der Natur noch eine Form des Seinsollens abzugewinnen, wenn an Stelle der ewig wiederholten endlichen Ontogenesis die von Mutation und Selektion induzierte unendliche Phylogenesis den Begriff der *natura naturans* bestimmt? Dieser Hinweis auf Späteres soll nur hier schon andeuten, daß philosophische Grundvorstellungen nicht beliebige Renaissancen haben können.

Der Kern der aristotelischen Lehre von der τέχνη ist, daß dem werksetzenden Menschen keine *wesentliche* Funktion zugeschrieben werden kann. Was man die »Welt des Menschen« nennen wird, gibt es hier im Grunde nicht. Der werksetzende und handelnde Mensch stellt sich in die Konsequenz der physischen Teleologie: er vollbringt, was die Natur vollbringen *würde*, ihr – nicht sein – immanentes Sollen. τέχνη und φύσις sind gleichsinnige Konstitutionsprinzipien, das eine bewirkt *von außen*, was das andere *von innen* zustande bringt.[34] Verfertigung ist an die Entsprechung zu Wachstum gebunden. Das technisch-ästhetische Werk hat daher auch immer nur einen *verweisenden* Sinn, keinen ihm seinseigenen Wahrheitsgehalt.

Die Möglichkeit, am Kunstwerk etwas nur da Aufgehendes zu erfahren, ist noch ungedacht, das Werk ist noch kein Medium der Selbsterkenntnis und Selbstbestätigung des Menschen.

Im *Hellenismus* bietet die pseudo-aristotelische Schrift *Über den Kosmos* eine nicht unbedeutsame Variation der Mimesis-Vorstellung durch ihre Einbeziehung heraklitischer Motive.[35] Die Mimesis wird nicht primär auf den *eidetischen* Bestand der Natur bezogen als vielmehr auf ihre *formale* Struktur (wobei man »formal« nicht im Sinne der aristotelisch-scholastischen *forma* zu verstehen hat). Der Kosmos ist, nach HERAKLIT, ein Gefüge aus Gegensätzen, die sich nicht aufheben, so wie eine Polis aus Armen und Reichen, Jungen und Alten, Schwachen und Starken, Schlechten und Guten eine Einheit bildet. Die Natur realisiert sich in Gegensätzen, wie dem Männlichen und Weiblichen, dem Trockenen und Feuchten, dem Warmen und Kalten. Und eben darin ahmt die »Kunst« die Natur nach, etwa wenn die Malerei gegensätzliche Farben verwendet, die Musik aus hohen und tiefen Tönen Harmonien bildet, die Schreibkunst Vokale und Konsonanten zusammenfügt. Hier ist zweifellos durch die Formalisierung der Mimesis »Spielraum« für die Authentizität des Werkes gewonnen, aber die Heterogeneität von Musik oder Sprache (Schrift) gegenüber irgendeinem Naturvorgang ist noch nicht gesehen.

Die *Stoa* hat das metaphysische Fundament der Mimesis eindeutig verstärkt, indem sie Vollständigkeit und Vollkommenheit des Kosmos zu Prädikaten von theologischer Dignität erhob. Trotzdem hat sich die Stellung des Menschen gesteigert durch die universale Fassung des Teleologiegedankens: Die Natur ist auf den Menschen hin angelegt, und das menschliche Werk ist Annahme und Vollzug dieser Disposition. Die τέχνη erhält geradezu eine religiöse Sanktion, wenn etwa POSEIDONIOS das Färberhandwerk auf die Sonne zurückführt, die die Farbenpracht des Vogelgefieders, der Blumen und Minerale erzeugt und die menschliche »Kunst« gleichsam in ihren Dienst stellt.[36] Zwischen Natur und Technik gibt es keine definierbare Grenze mehr, eine einzige ἐνέργεια ist am Werke: »Kunst« ist Natur mit anderen Mitteln. Wie hier durch den christlichen Schöpfungsbegriff die Schranke zwischen der Natur als Gotteswerk und der »Kunst« als Menschenwerk wieder aufgerichtet wird, läßt sich gerade am Beispiel des Färberhandwerks sehr hübsch zeigen: bei einigen patristischen Autoren findet sich eine Polemik gegen textile Finessen mit der Begründung, Gott *hätte* die Schafe farbig geschaffen, wenn er sich für den Menschen farbige Kleidung gewünscht hätte. TERTULLIAN weitet das zu einer sehr charakteristischen Polemik gegen die *ars* aus: »Gott hat an nichts Wohlgefallen, was er nicht selber hervorgebracht hat. Konnte er nicht auch purpurrote oder stahlblaue Schafe erschaffen? Wenn er es vermochte, so hat er es eben nicht gewollt; was Gott aber nicht machen wollte, das darf man auch nicht machen [...]. Was nicht von Gott kommt, muß notwendig von dessen Widersacher kommen.«[37] Hier ist also schon die »Dämonie der Technik« vorgeprägt, indem Natur und »Kunst« in ein dualistisches Schema gebracht sind. Dazu bedurfte es freilich erst einer neuen Grundauffassung von der Natur als *Willensausdruck* Gottes und der noch impliziten Voraussetzung *anderer* als der so gewollt-faktischen Seinsmöglichkeiten.

Aber ich habe, um einer besonders charakteristischen Differenz willen, vorgegriffen. Bei Poseidonios bedeutete Nachahmung der Natur nur einen äußeren Aspekt der Homogeneität des einen, durch Natur und Mensch hindurchgehenden Gesamtprozesses. »Aus der Theorie der Nachahmung wird eine Theorie der Wesensrelation, aus dem Erfinden wird ein Ablesen, ein Urteilen, ein Unterscheiden dessen, was in der Natur geschrieben steht. Vorbild wird die Natur nicht erst vom Menschen aus, sondern bereits von sich aus, und der Mensch wird zur Erfüllung der Natur nach ihren wesentlichen, nicht nach ihren zufälligen Möglichkeiten.«[38] Die »Erfindung« als Auffindung der Naturvorzeichnung wird zum Amt der Weisen, so daß erstmalig die klassische Theorie unmittelbar in die Werksetzung übergeht und die Philosophie als Wurzel auch der materiellen Kultur erscheint. Die Polemik SENECAS gegen Poseidonios richtet sich weniger gegen diese Grundkonzeption als gegen die »Höhenlage«, auf die hier die technischen Fertigkeiten als höchste Konsequenzen der Natur selbst versetzt werden, wodurch das theoretische Ideal – wie auch bei CICERO – seinen absoluten Rang einbüßt. Mit eben demselben Prinzip der Teleologie argumentiert Seneca genau andersherum: die vollkommen auf den Menschen zentrierte Natur gibt volles Genügen, macht Technik und Arbeit überflüssig, gibt ihnen den Charakter des Luxus.[39] Es bedarf keiner »Nachahmung der Natur«, weil die Natur für alles Notwendige einsteht. Es gibt keinen legitimen *Übergang* von der Natur zur »Kunst«. Schon hier sind »Kunst« und Hybris im Grunde eins, gehen aus dem Ungenügen an der natürlich-göttlichen *providentia* hervor. Der Mensch selbst – seine *künstlichen* Bedürfnisse, sein Überdruß am *facilis actus vitae* – treibt die *artes* hervor: »ad parata nati sumus: nos omnia nobis difficilia facilium fastidio fecimus [...]. Sufficit ad id natura, quod poscit.«[40]

Das Instruktive an diesem Gegensatz ist, daß aus ein und demselben metaphysischen Prinzip ganz entgegengesetzte Folgerungen gewonnen werden. Während Poseidonios die Idee der Mimesis aus ihren immanenten Prämissen so übersteigert, daß sie sich beinahe selbst aufhebt durch die Zirkelvorstellung einer sich selbst nachahmenden Natur, sieht Seneca das authentisch Menschliche des Ungenügens an der teleologischen Vorsorge der Natur, die Unendlichkeit der sich selbst potenzierenden Bedürfnisse, die Lust am Überflüssigen zum erstenmal – freilich mit negativem Vorzeichen – als Wurzel des technischen Arbeits- und Werkwillens. »Nachahmung« hat hier im Grunde ihren Sinn verloren, da der Antrieb zur »Kunst« gerade im Ausschlagen der Verbindlichkeit und in der Bestreitung der Vollständigkeit der Natur gesehen wird. Die negative Einstellung hat hier, wie so oft, die Sicht für das Wesentliche geschärft.

V

Die Geschichte der Zersetzung und Entwurzelung der Mimesis-Idee ist aber nicht, wie es das Beispiel der Polemik Senecas gegen Poseidonios vermuten lassen könnte, ein Vorgang des Aufbrechens ihrer inneren Widersprüchlichkeit; es ist vielmehr ein Prozeß, der durch neue, äußere, nämlich theologische Ideen inauguriert wurde. Freilich ist es nicht damit getan zu sagen, die biblische Schöpfungslehre habe hier ganz neue Voraussetzungen eingebracht; vielmehr wird sich zeigen, daß dieser Impuls sehr wohl in die bestehende Seinsauffassung eingefangen werden konnte. Die beiden Elemente, die sich als konstitutiv für die Mimesis-Vorstellung herausgeschält haben – exemplarische Verbindlichkeit und essentielle Vollständigkeit der Natur –, scheinen sich zunächst sehr wohl mit dem Schöpfungsbegriff zu vertragen. Ja, man muß sagen, daß die *Verbindlichkeit* der gegebenen Natur durch den Gedanken, in ihr manifestiere sich der *Wille* des Schöpfers, verstärkt worden ist, wie das Beispiel aus Tertullian schon belegt hat. Und zunächst wird gar nicht gesehen, daß diese Begründung der Verbindlichkeit auf einen Willensakt doch die *Notwendigkeit* der gegebenen Welt als der erschöpfenden Realisierung des Möglichen in Frage stellt; so muß Tertullian in unserem Zitat die göttliche Willensäußerung im natürlichen Sachverhalt so formulieren, daß Gott eben das *Nichtgewollte nicht geschaffen* habe und daß er *das Nichtgeschaffene nicht wolle*. Aber was ist dieses Nichtgewollt-Nichtgeschaffene? Eine in der Natur nicht vertretene Seinsmöglichkeit? Diese zwingende Konsequenz ist noch nicht ausdenkbar: sie impliziert die *Faktizität* und *Unvollständigkeit* der Natur, einen Spielraum des Möglichen für das »Künstliche«. Dieses Beispiel vermag zu zeigen, in welche ontologischen Konsequenzen das Willensmoment im Schöpfungsbegriff hineintreibt: die verschärfte Begründung der Verbindlichkeit einer Natur, in der Gott sein Wollen dekretiert, hat zum unausbleiblichen Korrelat die Unbestreitbarkeit der nichtgewollten Möglichkeiten, für die sich freilich erst eine unfromme und spitzfindige Neugierde ausdrücklich interessieren wird.

Von diesem Zusammenhang her gesehen ist die oft vorgetragene These nicht zutreffend, das christliche, aus dem Schöpfungsbegriff gespeiste neue Seinsverständnis sei zum erstenmal von AUGUSTIN geschlossen expliziert worden. Vielmehr war es gerade dieser Denker, der die immanenten Konsequenzen des Schöpfungsgedankens in der antiken Ontologie auffing. Es ist freilich richtig, daß er mit der Reduzierung der *materia prima* auf das absolute *nihil* die *creatio ex nihilo* allseitig gegen den Dualismus abgesichert hat. Aber es ist falsch, hier das wirklich wesentliche Problem zu sehen. Entscheidend ist, daß der schöpferische göttliche Geist nun mit dem platonischen *mundus intelligibilis* identifiziert wird. Idee und demiurgische Potenz sind nun zwar in *einer* Instanz vereinigt, aber nichts hat sich daran geändert, daß der *mundus intelligibilis* noch ein Ganzes darstellt – Platos ζῷον νοητόν –, das nur integral in den *mundus sensibilis* umgesetzt werden kann. Hier steht Augustin ganz im Bann der Pedanterie, mit der der Neuplatonismus die Entsprechungen von physischer und noetischer Welt durchexerziert hatte.[41] Der göttliche Willensakt, der die Schöpfung beschließt, kann sich nur auf die fixierte Totalität des einen Ideenkosmos beziehen; also nur das *Daß* der Schöpfung, nicht ihr *Was* ist *faktisch* geworden. Der Begriff der *Allmacht* ist bei Augustin noch nicht in Berührung gekommen mit dem Begriff der *Unendlichkeit*. Damit aber bleibt er auf dem Boden der antiken Kongruenz von Sein und Natur stehen. Es gibt zum gegebenen Bestand der Schöpfung keine Alternative, auch für den Schöpfer nicht, und *nach* dem Schöpfungsakt kann nichts von essentieller Ursprünglichkeit mehr hervorgebracht werden. Wie sich endliche Welt und unendliche Potenz der Gottesmacht, Seinswirklichkeit und Seinsmöglichkeit zueinander verhalten mochten, das durchzudenken und zu seinen Konsequenzen zu führen, blieb dem Mittelalter als eines seiner schwierigsten und trächtigsten Themen aufgegeben.

Dieser den *antiken* Charakter der Ontologie Augustins festhaltenden These hat (als ich sie in München vortrug) Henry Deku widersprochen, der in einer eigenen subtilen Studie die Geschichte des *possibile logicum* bei Augustin beginnen läßt,[42] also die Geschichte der Herausbildung eines den idealen wie realen Kosmos übergreifenden Bereiches der Seinsmöglichkeit, den wir hier als »Spielraum« schöpferischer Ursprünglichkeit überhaupt betrachten. Deku beruft sich vor allem auf Augustins Traktat *De spiritu et littera*, wo sich in der Tat der Begriffsgebrauch von *possibilitas* konzentriert. Aber dieser Begriff tritt hier – wie überhaupt bei Augustin – nur im Zusammenhang der pelagianischen Kontroverse auf, also im Rahmen der Gnadentheologie. Es geht um die Frage nach der möglichen Sündenlosigkeit des Menschen, der *possibilitas non peccandi*, also um die Frage nach einer möglichen Qualität des menschlichen Handelns, die es aus sich selbst haben kann: einer *possibilitas naturalis* im Unterschied zu dem nur aus der Gnade entspringenden Heilsstatus.[43] Gott steht also gar nicht als *Seins*grund, sondern als *Heils*grund in der Betrachtung, ebenso das »Können« des Menschen nur hinsichtlich seiner

Qualität der Heilswürdigkeit. Der Traktat *De spiritu et littera* ist an den Tribunen Marcellinus gerichtet, der schon Adressat einer früheren Schrift *De peccatorum meritis et remissione* gewesen war, und beantwortet den auf diese frühere Schrift hin gemachten Einwand, wie man behaupten könne, daß Sündlosigkeit dem Menschen prinzipiell bei gutem Willen und mit Hilfe der Gnade erreichbar sei, wenn man doch zugleich zugeben müsse: »nemo tam perfectae iustitiae in hac vita vel fuerit, vel sit, vel futurus sit« – mit anderen Worten: »wie man als möglich behaupten könne, was als wirklich nicht vorkomme«.[44] Dieser Marcellinus zumindest denkt ganz im Horizont der antiken Ontologie: die Möglichkeit wird nur ausgewiesen durch die Wirklichkeit bzw. durch das »eigentlich Seiende« der Ideen. Die Argumentation ist aufs engste verwandt der des LUKREZ, der gegen die Schöpfung einwendet: wie können die Götter Schöpfer der Natur sein, wenn es ihnen doch dazu an dem *exemplum* fehlt, welches erst die schon wirkliche Natur geben kann: »si non ipsa dedit speciem natura creandi.«[45] In der uns nicht überlieferten Einrede des Marcellinus muß eben diese Position bezogen worden sein, wenn Augustin darauf schreiben kann: »Absurdum enim tibi videtur dici, aliquid fieri posse cuius desit exemplum.«[46] Es wird nun gezeigt, daß die biblische Offenbarung einen neuen Leitfaden für die *apud Deum facilia* bietet, denn hier macht Gott über das ihm Mögliche selbst Mitteilung und das »Wort« tritt an Stelle der »Sache« als ein Beleg eigener Art: die Rede vom Kamel, das durch ein Nadelöhr gehen, der Glaube, der Berge versetzen kann – »quod tamen nusquam factum, vel legimus, vel audivimus«.[47] Trotzdem berühren diese theologischen Possibilitätserwägungen die ontologische Basis der augustinischen Metaphysik nicht, denn überall ist hier nur die Rede von der Möglichkeit Gottes, sein eigenes Schöpfungswerk Mensch in seinem ursprünglichen konstitutiven Sein – platonisch: in der Entsprechung zu seiner Idee – *wiederherzustellen.* Der Horizont des ideal präformierten Kosmos wird durch die Fragen nach der Möglichkeit des menschlichen Heils *nicht erweitert,* sondern nur reintegriert. Wenn also festgestellt wird: »omnia possibilia sunt Deo«,[48] so enthält dieses *omnia* noch keinerlei Anzeichen für ein mögliches Mehr im Verhältnis zum faktisch Geschaffenen, die Korrelation von *mundus intelligibilis* und *mundus sensibilis* ist vielmehr nur durch die Urschuld des Menschen und an ihm defekt geworden, und um die Möglichkeit der Restitution dieses Defekts geht es. Am *posse non peccare* des Menschen festzuhalten, ist dabei ein logisches Erfordernis: denn ohne diese Möglichkeit könnte auch nicht sinnvoll vom *posse peccare* mehr gesprochen werden. Der Mensch ist eben zu definieren als ein Wesen, das über sein Kongruenzverhältnis zu seiner Idee selbst verfügt. Aber diese Freiheit ist ganz *innerhalb* der Grenzen der Idealität gesehen.

Nun ist nicht daran zu zweifeln, daß der bereits seit dem Hellenismus in die Kosmogonie eingeführte und von Augustin vollends virulent gemachte Faktor des *Willens* einen »Störbegriff« ersten Ranges für die Fortgeltung der antiken Ontologie darstellt und einen »ent-necessitierenden Einfluß auf das Wirklichkeitsgewordene«[49] ausgeübt hat; doch war es noch nicht Augustin, der sich in seinem Seinsverständnis dadurch so gründlich gestört sah, daß er den vorgegebenen Sichthorizont wirklich irgendwo durchbrochen hätte. Ich glaube, auch den Grund dafür angeben zu können: die Eliminierung der *materia prima* und der mit dieser notwendig verbundenen Tendenz zum Dualismus war das sich vordrängende, durch den Manichäismus aktualisierte Problem. So glaubt man, ganz dicht an unserer Fragestellung zu sein, wenn man Augustin zwischen *creatum* und *creabile* unterscheiden sieht, um dann aber enttäuscht festzustellen, daß sich der Ausdruck *creabile* eben auf das materielle Substrat bezieht, das er in sein *tu fecisti* eingeschlossen wissen will.[50] Wo von dem die Rede ist, was *noch nicht* ist, aber *sein kann*, geht es immer um das aristotelische, mit der Materie identifizierte Seinkönnen als formale Unbestimmtheit.[51] Die Betonung des Willens im Schöpfungsbegriff hat ihre Grenze in der antignostischen Position, die die Schöpfung als rationalen Akt zu fassen gebietet: »[...] quis audeat dicere Deum irrationabiliter omnia condidisse?«[52] Was aber »rational« hier heißen kann, läßt sich nur nach dem Leitfaden der Entsprechung von noetischer und realer Welt, also nach dem Modell des platonischen Demiurgen, auslegen. Damit aber bleiben die Begriffe der »Allmacht« und der »Unendlichkeit« notwendig getrennt, denn das *infinitum* ist im antiken Verständnis mit Rationalität unvereinbar, es ist das hyletische ἄπειρον. Unter den Attributen Gottes taucht die »Unendlichkeit« noch nicht auf. Aber erst wenn die *potentia* Gottes als *potentia infinita* gesehen wird, tritt die logische Nötigung auf, das *possibile* nicht mehr von der *potentia* (und den in ihr implizierten Ideen) her, sondern umgekehrt die *potentia* vom *possibile* her zu definieren.[53] Damit erst wird der *logische* Umfang des Möglichkeitsbegriffes maßgebend und zugleich der Ideenkosmos für die Frage, was das *omnia* als Umfang der *omnipotentia* bedeute, gleichgültig. Das hat zur Folge: der Begriff der *Rationalität* wird auf den der *Widerspruchslosigkeit* reduziert, während noch bei Augustin der Begriff der *ratio* nicht von dem der exemplarischen Idee zu lösen war, also einen endlich-gegenständlichen Bezug implizierte. *Jetzt* erst kann der für unsere Frage nach dem ontologischen »Spielraum« des Schöpferischen entscheidende Schritt Fuß fassen: der als endlich gedachte Kosmos schöpft das unendliche Universum der Seinsmöglichkeiten – und das heißt: der Möglichkeiten der göttlichen Allmacht – nicht aus und *kann* es nicht ausschöpfen. Er ist notwendig nur ein faktischer Ausschnitt dieses Universums, und es bleibt ein Spielraum unverwirklichten Seins – der freilich noch auf lange unbefragtes Reservat Gottes sein wird und zu der Frage des Menschen nach seinen eigenen Möglichkeiten noch nicht in Bezug tritt. Aber zum erstenmal wird in der Erörterung des Allmachtsbegriffs dieser Spielraum überhaupt ontologisch impliziert und als Hintergrund der Weltrealität mitverstanden. Das ist primär ein eminent *religiöser* Gedanke, insofern nicht nur das *Daß* der Welt seine Selbstverständlichkeit verloren hat, sondern auch das *Was* nun als ein Akt besonderer göttlicher Entscheidung verstanden werden kann. Zugleich aber ist hier auch die Basis der *philosophischen* Kritik erweitert, auf der eine Fülle allmählich bewußtseinsbildender Fragen entsteht. Die Welt als Faktum – das ist die ontologische Voraussetzung für die Möglichkeit der Erwägung, schließlich für den Antrieb und die Lockung, im Spielraum des Unverwirklichten, durch das Faktische nicht Ausgefüllten, das *originär Menschliche* zu setzen, das authentisch »Neue« zu realisieren, aus dem Angewiesensein auf »Nachahmung der Natur« ins von der Natur Unbetretene hinaus vorzustoßen.

VI

Für das Mittelalter freilich lag hier noch nichts Lockendes: alle spekulative Kühnheit wird daran gewendet, den Möglichkeiten Gottes, nicht denen des Menschen, bis zum äußersten nachzugehen. Es wird noch eines weiteren entscheidenden Motivs bedürfen, damit der Mensch die theologisch entdeckte Inkongruenz von Sein und Natur *für sich* als Möglichkeit schöpferischer Originalität erkennen und ergreifen konnte.

Der initialzündende Kontakt der Begriffe *Allmacht* und *Unendlichkeit* scheint im 11. Jahrhundert zustande gekommen zu sein, als die Theologie durch den Angriff der »Dialektiker« vom Schlage des BERENGAR VON TOURS, vor allem gegen die

Transsubstantiationslehre, genötigt wird, den Begriff der göttlichen Allmacht zu systematisieren. Hier ist vor allem PETRUS DAMIANI mit seiner Schrift *De divin omnipotentia* federführend,[54] aus deren zwölftem Kapitel ich hier nur die charakteristische rhetorische Frage zitiere: »Quid est, quod Deus non valeat nova conditione creare?« Das Sein der Welt bekommt nun jene eigentümliche Zufälligkeit, Widerruflichkeit und hypothetische Ersetzbarkeit, die erst im ausgehenden Mittelalter mit seiner Faktizitätsangst aus *logischen* zu *emotionalen* – das heißt: vom Menschen auf sich selbst bezogenen – Elementen werden. Ich vermag keine Darstellung dieses Transformationsprozesses zu geben. Mir geht es darum, etwas über das *Anwachsen* der Inkongruenz von Sein und Natur und damit über die Relevanz des Spielraumes der schöpferischen Ursprünglichkeit auszumachen. Diesen Prozeß darf man sich weder als »organisch« vorstellen noch ihm die eherne Gangart geschichtlicher Notwendigkeit beilegen, die er a posteriori – und noch dazu im selektiven Präparat, auf das jede derartige Untersuchung angewiesen ist – an sich zu haben scheint. Es läßt sich leicht sehen, daß die Rolle, die die Scholastik in diesem Vorgang der Umbildung der ontologischen Prämissen spielt, wenig ins Konzept einer »geschichtlichen Notwendigkeit« paßt. Daß man sich die Reantikisierung durch die Aristotelesrezeption auch nicht als zu gewaltsame Reversion denken darf, ergibt sich schon aus der für Augustin gewonnenen Einsicht, wie stark der Fortbestand antiker Implikationen ohnehin war. Um so reizvoller ist es, gerade in der Neubelebung der antiken Metaphysik durch die Hochscholastik die oft unscheinbaren, aber signifikanten Verformungen wahrzunehmen, die belegen, *was schon nicht mehr rückgängig zu machen war.*

Ontologische Voraussetzungen, die bei Augustin in Geltung sahen, ohne daß sie ausdrücklich formuliert zu werden brauchten, werden nun nach scholastischer Manier »quaestionsreif«.

Aufschlußreich im Hinblick auf unser Augustin-Ergebnis ist eine Stelle bei ALBERTUS MAGNUS, die sich polemisch gegen den *Fons vitae* des AVICEBRON (IBN GABIROL) mit seiner Identifizierung von metaphysischem Lichtprinzip und Willen richtet: »voluntas non potest esse primum.«[55] Die Funktion des göttlichen Willens bezieht sich nur auf die *Existenz* der Welt, auf den Befehl *ut fiat*, nicht aber auf die *forma operis*, den essentiellen Seinsbestand, der auch hier die Selbstverständlichkeit des ideal präformierten Ganzen hat.

Noch bei THOMAS VON AQUINO ist diese Position nicht überschritten. Trotzdem zeigt sich für das Prinzip der Nachahmung der Natur eine Lockerung insofern, als neben dieses noch die Idee der Nachahmung Gottes als weiterer Fundierungszusammenhang tritt.[56] Das gab es formal schon bei Aristoteles, bei dem ja die reine Kreisbewegung der ersten Sphäre Nachahmung des unbewegten Bewegers war; aber damit ist auch die Ergiebigkeit dieses Bezuges erschöpft. Deshalb mußte Aristoteles die Genesis z. B. des Hauses erklären, daß der Architekt hier etwas zustande bringt, was die Natur ebenso entstehen lassen *würde*, das heißt: er muß sich das künstliche Gebilde als Naturprodukt *vorstellen*, um dann diese hypothetische Vorstellung nachzuahmen. So wurde die universale Geltung der Mimesis gewahrt. Thomas schränkt die Nachahmung der *Natur* auf das ein, was die Natur auch tatsächlich hervorbringen kann;[57] gerade das Haus aber ist reines Kunstding: »semper fit ab arte, sicut domus omnis est ab arte«. Natürlich besteht hier noch gar kein Gegensatz, aber der Akzent ist doch anders gelegt. Noch deutlicher wird das im Physikkommentar, wo die eingangs zitierte fundamentale Stelle II,8; 199a 15–17 zur Sprache kommt. Die Thomas vorliegende lateinische Version hat: »ars alfa quidem perficit quae natura non potest operari«, wozu der Kommentar erläutert: »dicit quod ars quaedem facit, quae natura non potest fecere«.[58] Das ist radikaler formuliert als es bei Aristoteles gemeint gewesen sein kann, der doch immer das schon Angelegte, das schon Unterwegs-Seiende der Natur voraussetzt, wenn er von der vollendenden Arbeit des Menschen spricht. *Weshalb* aber die Nachahmung der Natur so erkennbar an Unausweichlichkeit verloren hat, *weshalb* die »Kunst« aus dem Naturzusammenhang heraustreten *kann*, das ist bei Thomas nicht zur Ausdrücklichkeit gebracht.

Wohl aber bei seinem Zeitgenossen BONAVENTURA, der den Versuch, den Schöpfungsbegriff mit Hilfe der aristotelischen Beweger-Metaphysik auszulegen, nicht mitmacht, weil ihm in der Mechanik dieser Konzeption das Moment eines göttlichen Willens, der *sich in seinem Werk mitteilen will*, verlorenzugehen droht. »Mitteilung« nämlich bedeutet, daß die unendliche Macht Gottes sich gerade nicht sozusagen »automatisch« exekutiert, sondern sich im Endlich-Faßbaren beschränkt und vernehmbar macht für ein endliches Wesen.[59] In der Welt bekundet sich ein Ausdruckswille, der nicht *alles Mögliche*, sondern *etwas Bestimmtes* zu verstehen geben will: »multa, non omnia« – vieles, nicht alles, holt Gott aus dem Schatze seiner Möglichkeiten hervor, um sich dem Geschöpf in seiner Größe zu erweisen.[60] Rein gefühlsmäßig interpretierend möchte man sagen, die Differenz zwischen *multa* und *omnia* sei hier nur als ein »Rest« verstanden, dem Menschen vielleicht wohlweislich und liebevoll vorenthalten, kein Grund jedenfalls, sich als im Seinsbesitz und -zugang verkürzt zu empfinden. Aber schon WILHELM VON OCKHAM, der die franziskanische Tradition zu ihren Konsequenzen forciert, wird die Formel Bonaventuras umkehren, indem er das *multa* auf die andere Seite bringt, auf die Seite des Nichtgewollt-Unverwirklichten: »Gott kann vieles schaffen, was er nicht schaffen will.«[61] Man spürt geradezu, wie hier ein quälendes, bohrendes Bewußtsein der Faktizität entspringen muß, die anschwellende Frage, weshalb *diese* und keine *andere* Welt ins

Sein gerufen wurde, eine Frage, der nur noch das nackte augustinische *Quia voluit* als Un-Antwort entgegengeschleudert werden konnte. Die rationale Anstößigkeit weckt das Bewußtsein der Unerträglichkeit dieser Faktizität: unversehens verlagert sich der Akzent von dem im *Geschaffenen* empfundenen göttlichen Willensausdruck auf den im *Nichtgeschaffenen* implizierten Vorenthaltenheitscharakter. Wir können diesen Prozeß der Umakzentuierung am ehesten ablesen an den sorgenden Versuchen, ihm zu begegnen, ihn aufzufangen, ja ihm Positivität zu geben.

Am vielfältigsten spiegelt sich diese Anstrengung wohl im Werk des NIKOLAUS VON CUES. Der Cusaner hat in seiner frühen Phase den Versuch Leibnizens vorweggenommen, das Nichtgeschaffensein des Ungeschaffenen dadurch zu rechtfertigen, daß er die wirkliche Welt als die höchste Form der Realität hinstellt, als Selbstverschwendung des schöpferischen Prinzips, als *Deus creatus*[62]. Aber in diesem verchristlichten Neuplatonismus ist eine immanente Gegenläufigkeit zweier Elemente der spekulativen Theologie enthalten: einerseits erfordert die maximale Fassung des Begriffs der Vollkommenheit von Schöpfer und Werk zu sagen, Vollkommeneres habe nicht gemacht werden *können*, andererseits erfordert die maximale Fassung des Begriffs der göttlichen Macht zu sagen, kein wirkliches Werk dieses Schöpfers realisiere je das Äußerste dessen, was er an Größe und Perfektion hätte leisten können. Aus diesem Dilemma ist nicht herauszukommen. In der Schrift *De beryllo* hat der Cusaner fast zwei Jahrzehnte später die Schöpfung nach dem Modell der positiven Rechtssatzung betrachtet, wobei er zweimal das Digesten-Zitat heranzieht, nach dem der Herrscherwille Rechtskraft hat.[63] Am Ende seines Denkweges, in der Schrift *De ludo globi*, hat der Cusaner den Versuch gemacht, seine beiden früheren Positionen zu harmonisieren, indem er sie auf eine Verschiedenheit des

Aspekts zurückführt: von *Gott* her betrachtet gibt es einen Spielraum der Möglichkeit, von der *Welt* her betrachtet nicht.[64] Das beruht auf einer Metaphysizierung des Möglichkeitsbegriffs: Gott hat nicht nur das Mögliche oder aus dem Möglichen verwirklicht, indem er schuf, sondern er hat die Möglichkeit selbst geschaffen: »et fieri posse ipsum factum est«. Das ist deutlich dazu bestimmt, Fragen zu entkräften und auszuschließen, die sich akut aufdrängten. Versucht Nikolaus von Cues das noch durch eine Metaphysizierung der Logik, so wird es LUTHER durch die Radikalisierung des Ausschließlichkeitsanspruches der Theologie tun. Mit deutlicher Wendung gegen die Formel Ockhams besteht er darauf, daß »Allmacht« keinen logisch explikablen Sinn außerhalb des Schriftsinns hat und eben nicht jene Macht bedeutet, mit der Gott vieles nicht wirkt, was er wirken kann.[65] Die *potentia absoluta* Gottes, deren Unfaßbarkeit noch den jungen Luther ängstete wie das späte Mittelalter insgesamt, ist nun als von Gott selbst durch das Instrument der Offenbarung auf die *potentia ordinata* beschränkt zu denken; über diese gnädige Selbstbeschränkung Gottes hinauszufragen, nimmt das Odium des Ausschlagens des Gnadenaktes an. Nur indem man die Frage nach dem unendlichen Spielraum der Möglichkeit nicht stellt, entzieht man sich der drohenden Ungewißheit dessen, was er offen läßt.

VII

Aber die Gewalt der einmal aufgebrochenen Fragen ließ sich nicht eindämmen; wohin sie führen, sehen wir schon bei DESCARTES fast in ganzem Umfang ausgesprochen. Bei ihm wird die Philosophie zur Systematik des Möglichen; von der Seinsmöglichkeit her wird die Seinswirklichkeit nun verstanden. Darauf beruht die neue Bedeutung der *Hypothese*, die dem Erkenntniswillen am konstruierbaren *möglichen* Seinszusammenhang Genüge verschafft und demgegenüber die Frage nach dem *faktischen* Nexus gleichgültig werden läßt. Dem Willen zur *Konstruktion* ist es irrelevant, ob zufällig die Natur nachgeahmt wird oder ob eine dort nicht realisierte Lösung Platz greift; das normative Prinzip der *Ökonomie* ist eine Idee des menschlichen Geistes für seine Leistungen, nicht für die Produktionen der Natur. Die Prinzipien der *möglichen Welten* sind so unendlich fruchtbar, daß eine Übereinstimmung der aus ihnen deduzierten hypothetischen Konstruktionen mit der *wirklichen Welt* nur noch Zufall sein kann.[66] Schon ist bei Descartes erkennbar, wie sich die Idee der Freiheit gerade auf die Unabhängigkeit der rationalen Formel vom faktisch Gegebenen bezieht: am Beispiel einer *machin valde artificiosa* demonstriert er die *vis ingenii* als so originär seinsmächtig, »ut ipsam (sc. machinam) nullibi unquam visam per se excogitare potuerit«.[67] Der Mensch »wählt« sich seine Welt, wie Gott aus dem Möglichen die eine zu schaffende Welt wählte. LEIBNIZ wird noch einmal versuchen, diese Welten durch seine prästabilierte Harmonie zu verklammern und durch den metaphysischen Optimismus den Druck der unendlichen Möglichkeiten zu balancieren. Als aber dieser bodenlose Optimismus um die Mitte des 18. Jahrhunderts zusammenbricht, tritt das ganze Ärgernis der Tatsache hervor, daß die Seinswirklichkeit im Reich der Seinsmöglichkeit nur ein beliebiger Punktwert sein sollte. Welche Rechtfertigung gibt es noch für das Möglichbleiben des Möglichen? Die Natur wird zum faktischen Resultat mechanischer Konstellationen – was kann sie noch der Mimesis durch das Menschenwerk verbindlich machen und empfehlen? Der Zufälligkeit der natürlichen Formationen tritt nun das Menschenwerk – als ästhetisches wie als technisches – mit seiner Notwendigkeit entgegen.

Was von Leibniz' »bester aller möglichen Welten« ontologisch nachhaltig übrigbleibt, ist nicht die »beste Welt«, sondern die Unendlichkeit der möglichen Welten, die eben dann bewußtseinsattraktiv wird, wenn die wirkliche Welt nicht mehr die ausgewählt-beste glaubhaft repräsentiert. OSKAR WALZEL hat, ohne den metaphysischen Hintergrund zu ahnen, die Verbindungslinie von Leibniz zur Idee des schöpferischen Genies um die Mitte des 18. Jahrhunderts angezeigt.[68] Er hat vor allem sichtbar gemacht, wie der Vergleich Gottes mit dem schöpferischen Künstler schon das Sich-Vergleichen des Künstlers mit Gott enthält; *logisch* war hier zwischen Renaissance und Sturm und Drang nichts mehr hinzuzufügen. Entscheidend wichtig ist aber der Umstand, daß die *Dichtung* nun in dem Vergleich eine singuläre Bedeutung bekommt. Während der Vergleich Gottes mit dem Baumeister und bildenden Künstler in die Antike zurückreicht, wird nun der Dichter zum bevorzugten »Schöpfer«, und das nicht zufällig, sondern – wie für uns nun leicht durchsichtig ist – auf Grund der Zersetzung der Mimesis-Idee. Noch LEONARDO hatte in seinem *Trattato della Pittura* die Gottähnlichkeit des Malers gerade damit begründet, daß er in der Nachahmung der Natur ihren Schöpfer nachahme. Und der Aufstand des Manierismus gegen die Mimesis hatte de facto nur eine ostentative Deformation der Natur zuwege gebracht. In der Tradition der Poetik ist die Auflehnung gegen die *imitatio* primär gegen die Bindung der Stilmittel an den Kanon der Antike gerichtet, als Bestehen auf der Individualität der Aussageform gegen das System der aristotelischen Poetik und den Ciceronianismus.[69] Aber schon JULIUS C. SCALIGER definiert in seiner *Poetik* von 1561 den Unterschied zwischen der Dichtung und allen anderen Künsten so, daß nur die Tätigkeit des Dichters ein *condere* sei, die aller übrigen Künstler ein *narrare*, ein Nacherzählen im Unterschied zur Seinssetzung des Poeten, der als *alter deus* eine *natura altera* zu begründen vermag.[70] Diese Idee ist aber noch ohne ontologisches Fundament;

sie erhält es erst durch Leibniz, der selbst aber keine Folgerungen aus der Unendlichkeit der möglichen Welten gezogen hat,[71] wegen seines metaphysischen Optimismus nicht ziehen konnte. Erst die »Schweizer« stellten zwischen der Vorstellung des schöpferischen Dichters und der Idee der »möglichen Welten« den zündenden Kontakt her, der die Bedeutung der Kunst als einer »metaphysischen Thätigkeit« für die Folgezeit statuierte. JOHANN JAKOB BREITINGERS zweibändige *Critische Dichtkunst* von 1740 ist eine »ästhetische Verwertung von Leibnizens Lehre der möglichen Welten«.[72] Der Dichter findet sich in der Lage Gottes *vor* der Erschaffung der Welt angesichts der ganzen Unendlichkeit des Möglichen, aus der er wählen darf; darum ist – und nun kommt die erstaunlichste Formulierung, die man sich in unserem Zusammenhang erwünschen könnte! – die Poesie »eine Nachahmung der Schöpfung und der Natur nicht nur in dem Wirklichen, sondern auch in dem Möglichen«. So mächtig ist die in der metaphysischen Tradition verwurzelte Urformel von der »Nachahmung der Natur«, daß ihre Sanktion für die Deutung des menschlichen Werkes auch dann nicht entbehrt werden kann, wenn das genaue Gegenteil ihrer genuinen Bedeutung gesagt, ja »proklamiert« werden soll! Noch das unendliche Mögliche nimmt hier die Konsistenz der platonischen Ideen an, wenn irgend die Rede von der »Nachahmung« noch einen Sinn behalten soll. Auch JOHANN JAKOB BODMER spricht in seiner ebenfalls 1740 erschienenen *Critischen Abhandlung von dem Wunderbaren in der Poesie* fast in den selben Worten davon, daß die Dichtung »die Materie ihrer Nachahmung allezeit lieber aus der möglichen als aus der gegenwärtigen Welt nimmt«.[73] An dem Beispiel Miltons wird gezeigt, wie der Dichter das Gegebene überschreitet, ja das Nichts darzustellen vermag gerade dadurch, daß er »durch eine metaphysikalische Handlung« alles hinauswirft, was die Welt zur Welt macht, und das Nichts als etwas vorstellt, wodurch er »die

Schöpfung vor der Schöpfung vorausgeholet« hat. Und auch hier wieder die stupende Formulierung, daß die Dichter »nach ihrer Kunst mittelst der Nachahmung Dinge hervorbringen, die nicht sind«.

Das 19. Jahrhundert hat die Faktizitätscharaktere der Natur entscheidend verschärft. Was als Natur vor uns steht, ist das Resultat ungerichteter mechanischer Prozesse, der Kondensation wirbelnder Urmaterie, des Wechselspiels zufällig streuender Mutationen mit dem brutalen Faktum des Kampfes ums Dasein. Dieses Resultat mag alles sein – nur ästhetischer Gegenstand wird es nicht sein können. Wie könnte der Zufall die überraschende Evidenz des Schönen hervorbringen? So läßt sich das bis dahin Undenkbare verstehen, daß die Natur *häßlich* wird, wie es FRANZ MARC berichtet: »Bäume, Blumen, Erde, alles zeigte mir in jedem Jahr mehr häßliche, gefühlswidrige Seiten, bis mir erst plötzlich die Häßlichkeit der Natur, ihre Unreinheit voll zum Bewußtsein kam.«[74] Den ontologischen Hintergrund genauer angesprochen hat der französische Maler RAOUL DUFY, als er auf den Vorwurf, er mache zu kurzen Prozeß mit der Natur, erwiderte: »Die Natur, mein Herr, ist eine Hypothese […].«[75] Im ästhetischen Naturerlebnis drängt sich nun bereits der Vorbehalt der unendlich vielen möglichen Welten auf, denn wir können seit Descartes naturwissenschaftlich nicht mehr mit Gewißheit sagen, welche dieser Möglichkeiten in der Natur verwirklicht ist, sondern nur, mit welcher dieser Möglichkeiten wir *funktional zurechtkommen.* Diese Natur hat nichts mehr gemein mit dem Naturbegriff der Antike, auf den sich die Mimesis-Idee bezieht: das selbst nicht herstellbare Urbild alles Herstellbaren. Dagegen ist Herstellbarkeit aller Phänomene die universelle Antizipation der experimentellen Naturforschung, und Hypothesen sind Entwürfe von Anweisungen für die Herstellung von Phänomenen. Die Natur ist folgerichtig zum Inbegriff möglicher Produkte der

Technik geworden. Der Rest an exemplarischer Verbindlichkeit ist damit aus der Natur ausgetrieben. Für den Techniker konnte die Natur mehr und mehr zum bloßen Substrat werden, dessen gegebene Konstitution der Verwirklichung konstruktiver Zwecke eher im Wege steht als sie fördert. Nur durch die Reduzierung der Natur auf ihren nackten Material- und Energiewert wird eine Sphäre reiner Konstruktion und Synthese möglich. So ergibt sich der auf den ersten Blick paradoxe Sachverhalt, daß in einem Zeitalter höchster Geltung der Wissenschaft von der Natur zugleich deren Gegenstand in seinem Seinsrang für den Menschen nivelliert worden ist.

VIII

Nun erst läßt sich die *positive* Bedeutung ermessen, die der Auflösung der Identität von Sein und Natur zukommt. Der Entwertungsprozeß der Natur ist nur deshalb nicht schlechthin ein nihilistischer Vorgang, weil der Glaube möglich geworden ist, »daß das Sichtbare im Verhältnis zum Weltganzen nur isoliertes Beispiel ist, und daß andere Wahrheiten latent in der Überzahl sind«,[76] und daß diese Welt »nicht die einzige aller Welten« ist.[77] So deutet die Kunst nicht mehr auf ein anderes exemplarisches Sein hin, sondern sie ist selbst dieses für die Möglichkeiten des Menschen exemplarische Sein: das Kunstwerk will nicht mehr nur etwas *bedeuten*, sondern es will etwas *sein*.

Aber ist nicht dieses Sein, das eine der unendlich vielen gleichsam *neben* der Natur liegengebliebenen Möglichkeiten aufnimmt, ebenso faktisch und beliebig wie das der Natur? Um diesen Kern bewegen sich alle Fragen, die durch die Überwindung der Mimesis-Bindung aufgeworfen worden sind. Wir stehen wohl noch zu sehr im Auslauf des agonalen Prozesses dieser Überwindung, um uns bestimmte Antworten zutrauen zu dürfen. Wir sind auf Hypothesen angewiesen, wo wir dem entfliehen wollten, was »nur Hypothese« ist. Aber manches deutet darauf hin, daß die Phase der gewalttätigen Selbstbetonung des Konstruktiven und Authentischen, des »Werkes« und der »Arbeit«, nur Übergang war. Die Überwindung der »Nachahmung der Natur« könnte in den Gewinn einer »Vorahmung der Natur« einmünden. Während der Mensch ganz dem hingegeben scheint, sich in der »metaphysischen Thätigkeit« der Kunst seiner originären Potenz zu vergewissern, stellt sich unvermutet im Geschaffenen eine Ahnung des Immer-schon-Daseienden ein, »*als ob* es ein Produkt der bloßen Natur sei«.[78] Ich denke an ein in der Bewußtheit seiner Antriebe so paradigmatisches Lebenswerk wie das von PAUL KLEE, an dem sich zeigt, wie im Spielraum des frei Geschaffenen sich unvermutet Strukturen kristallisieren, in denen sich das Uralte, Immer-Gewesene eines Urgrundes der Natur in neuer Überzeugungskraft zu erkennen gibt. So sind Klees Namengebungen nicht die üblichen Verlegenheiten der Abstrakten, an Assoziationen im Vertrauten zu appellieren, sondern sie sind Akte eines bestürzten Wiedererkennens, in dem sich schließlich ankündigen mag, daß nur *eine* Welt die Seinsmöglichkeiten gültig realisiert und daß der Weg in die Unendlichkeit des Möglichen nur die Ausflucht aus der Unfreiheit der Mimesis war. Sind die unendlichen Welten, die Leibniz der Ästhetik beschert hat, nur unendliche Spiegelungen *einer* Grundfigur des Seins? Wir wissen es nicht, und wir wissen auch nicht, ob wir es je wissen werden; aber es wird unendlich oft wieder die Probe darauf gemacht werden. Wäre das aber nicht ein Zirkel, der uns genau dahin zurückführt, wo wir aufgebrochen waren? Die Anzeichen eines solchen Zirkels schrecken heute viele, die fürchten, alle Kühnheiten könnten vergeblich gewesen sein. Aber eben das ist ein Irrtum. Es ist ein entscheidender Unterschied, ob wir das Gegebene als das Unausweichliche *hinzunehmen* haben oder ob wir es als den Kern von Evidenz im Spielraum der unendlichen Möglichkeit wiederfinden und in freier Einwilligung *anerkennen* können. Das wäre, worum es letztlich ging, die »Verwesentlichung des Zufälligen«.[79]

Anmerkungen

1 Aristoteles, *Physik* II, 8; 199 a 15–17: »ὅλως τε ἡ τέχνη τὰ μὲν ἐπιτελεῖ ἃ ἡ φύσις ἀδυνατεῖ ἀπεργάσασθαι, τὰ δὲ μιμεῖ ται.«

2 Vgl. die Formulierung *Politik* IV,17; 1337 a 1–2: »πᾶσα γὰρ τέχνη καὶ παιδεία τὸ προσλεῖπον βούλεται τῆς φύσεως ἀναπληροῦν.«

3 Aristoteles, *Physik* II,8; 199 a 12–15. Die Natur ist sozusagen autotechnisch, vergleichbar dem Arzt, der sein Können auf sich selbst anwendet (199 b 30–32). Zurückgewiesen wird die Unterstellung, daß solche Autotechnizität mit einsichtiger Absicht identisch sei (199 b 26–28). Aristoteles stellt jene uns (zumindest hypothetisch) unausweichliche Ursituation, in der noch nichts ist oder auch nur etwas von bestimmter Spezifität noch nicht ist, gar nicht vor. Da alles seiner Spezifität nach immer schon da ist, existiert der Moment, in dem etwas allererst »ausgedacht« und aus der Vorstellung in die Realität überführt werden müßte, für Aristoteles nicht. Das Denken denkt prinzipiell dem Seienden nur *nach*.

4 Aristoteles, *Physik* II,2; 194 a 21 f. *Meteorologie* IV,3; 381 b 3–7.

5 Vgl. Katalog der Ausstellung »Der Triumph des europäischen Manierismus« (Amsterdam, Rijksmuseum, 1955), Nr. 88.

6 Friedrich Nietzsche, »Die Geburt der Tragödie aus dem Geiste der Musik. Vorwort an Richard Wagner«, in: F. N., *Gesammelte Werke*, Musarion-Ausg., hrsg. von Richard Oehler, Max Oehler und Friedrich Christian Würzbach, Bd. 3, München 1920, S. 20.

7 Vgl. Werner Hofmann, »›Manier‹ und ›Stil‹ in der Kunst des 20. Jahrhunderts«, in: *Studium Generale* 8 (1955) S. 9. Schon Kant hat das Moment der Nachahmung verschoben auf das fortzeugende Verhältnis von Kunst zu Kunst, während die Natur durch das

Medium des »Genies« die letztlich produktive Urinstanz der Kunst ist, aber in einem Sinne, der nicht Nachahmung, sondern »Hervorbringung durch Freiheit« impliziert (*Kritik der Urteilskraft,* §§ 43, 46). Genie ist »dem Nachahmungsgeiste gänzlich entgegen zu setzen«; indem es aber als »die Natur im Subjekte« verstanden werden muß, ist hier eine letzte formale Verbindlichkeit der Natur supponiert, die keinen Erklärungswert mehr hat. Exemplarisch sichtbar ist nur noch der historische Prozeß, in dem »das Produkt eines Genies« zum Beispiel wird »der Nachfolge für ein anderes Genie, welches dadurch zum Gefühl seiner eigenen Originalität aufgeweckt wird«, so daß Kunst »Schule« macht – »und für diese ist die schöne Kunst sofern Nachahmung, der die Natur durch ein Genie die Regel gab« (ebd., § 49).

8 Henri Matisse, zit. nach: Werner Haftmann, *Malerei im 20. Jahrhundert,* München 1954, S. 113.

9 Vgl. die Einführung des Verf. zu den »Idiota«-Dialogen in: Nikolaus von Cues, *Die Kunst der Vermutung,* Auswahl aus den Schriften, bes. und eingel. von H. B., Bremen 1957, S. 231 ff. Der hier herangezogene Text ebd., S. 272.

10 Es ist für den »mittelalterlichen« Aspekt des Cusaners überaus charakteristisch, daß in der hier besprochenen Aussage des *Idiota* noch ein versteckter Bezug auf die Doppeldefinition der »Kunst« bei Aristoteles enthalten ist: »ars mea est magis perfectoria quam imitatoria figurarum creatarum et in hoc infinitae arti similior.« Es wird unterstellt, daß die beiden Teile der aristotelischen Definition eine *generelle* Differenz implizieren (statt einer *spezifischen*) und daß sie alternativ gelten; da also der Idiota nicht eine *ars imitatoria* für die seine halten kann, bleibt ihm nur übrig, an die *ars perfectoria* anzuknüpfen, da ihm eine dritte Möglichkeit terminologisch gar nicht zugänglich ist, obwohl die zuvor gegebene Darstellung dessen, was er tut, überhaupt keinen sachlichen Anhalt dafür bietet, daß er etwas von der Natur unvollendet Liegengelassenes aufnimmt und »vollendet«, es sei denn das Material, das er verwendet. Hier zeigt sich, wie die Geschichte des menschlichen Geistes durch Definitionen (und das heißt: durch den Anspruch auf Endgültigkeit) kanalisiert werden kann.

11 Orville Wright, »How we invented the Airplane«, in: *Harper's Magazine* 6 (1953).

12 Leonardo da Vinci, *Tagebücher und Aufzeichnungen*, übers. und hrsg. von Theodor Lücke, Zürich [usw.] 1952, S. 307: »Du mußt die Flügel eines Vogels samt den Brustmuskeln, den Bewegern dieser Flügel, anatomisch untersuchen. Und du mußt das gleiche auch beim Menschen tun, um darzulegen, welche Möglichkeit im Menschen steckt, wenn er sich durch Flügelschlagen in der Luft halten will.« Hier kommt neben der *ars imitatoria* auch in unmittelbarem Zusammenhang die *ars perfectoria* zur Geltung, also der ganze Aristoteles.

13 Otto Lilienthal, *Der Vogelflug als Grundlage der Fliegekunst*, München ²1910.

14 Friedrich Nietzsche, *Also sprach Zarathustra*, in: F. N., *Gesammelte Werke*, Bd. 13, 1924, S. 149; ich zitiere nach dem etwas abweichenden Selbstzitat Nietzsches in *Ecce homo* (ebd., Bd. 21, 1928, S. 277).

15 Niemand hätte das greifbarer verbildlichen können als Bertolt Brecht, der in einer seiner *Geschichten vom Herrn Keuner*, betitelt »Herr K. und die Natur«, sagen läßt: »Ich würde gern mitunter aus dem Haus tretend ein paar Bäume sehen [...].« Der Irrealis ist wie eine versteckte Fußangel in der Quasi-Idylle, die sich nun entfaltet, wo der »besondere Grad von Realität« des Naturgebildes gegenüber der bloßen Relativität des Gebrauchsgegenstandes gefeiert wird, das »beruhigend Selbständige, von mir Absehende« der Bäume, ja es wird schließlich die Hoffnung ausgesprochen, es möchte an diesen Bäumen etwas Unverwertbares, nicht Materialhaftes sein. Aber diese scharfsichtige Phänomenologie eines untergründigen Naturbedürfnisses endet mit einem Ordnungsruf, dessen Stilisierung auf Beiläufigkeit – der Nachsatz ist in Klammern gesetzt und beginnt: »Herr K. sagte *auch*« – nur paideutische Taktik ist: »Es ist nötig für uns, von der Natur einen sparsamen Gebrauch zu machen. Ohne Arbeit in der Natur weilend, gerät man leicht in einen krankhaften Zustand, etwas wie Fieber befällt einen.« Ohne Arbeit in der Natur zu weilen, perhorresziert denn auch den Zeitgenossen (nicht nur den marxistischer Obser-

vanz, wenn es ihn gibt); der moderne Arbeitsgarten zeigt das genauso wie die diversen Formen der Begleitung der vorgeblich Naturbedürftigen durch technisches Gerät, das den Natureindruck neutralisiert.

16 Plato, *Politeia* X; 596 B: »οὐ γάρ που τήν γε ἰδέαν αὐτὴν δημιουργεῖ οὐδεὶς τῶν δημιουργῶν.«

17 Ebd.: »ἀλλὰ ἰδέαι γέ που περὶ ταῦτα τὰ σκεύη [...]«.

18 Aristoteles läßt allerdings nur eine nominale Differenz zu: *Metaphysik* I, 6; 987 b 10–13. Für ihn ist aber auch die Ambivalenz des Sachverhaltes, dem Plato gerecht zu werden hat, nicht mehr aktuell.

19 So deutlich bei Demokrit: »ἀγαθὸν ἢ εἶναι χρεὼν ἢ μιμεῖσθαι.« (*Die Fragmente der Vorsokratiker*, griech./dt., hrsg. von Hermann Diels und Walther Kranz, Bd. 1, Berlin [8]1956, fr. 39.) Selbst in der Ableitung menschlicher Leistungen von tierischen bei Demokrit (Weben, Stopfen, Hausbau, Gesang: ebd., fr. 154) durch Nachahmung kommt der Vorrang dessen, der etwas *von Natur* besitzt, gegenüber der Armut dessen, der es nur übernimmt, klar heraus.

20 Plato, *Politeia* X; 599 A: »τριττὰ ἀπέχοντα τοῦ ὄντος.«

21 Die Einbeziehung der Sophistik geht auf eine Diskussion meiner These mit Dieter Henrich zurück.

22 Plato, *Politeia* X; 597 BC.

23 Ebd. 597 D.

24 Aristoteles, *Metaphysik* I,9; 991 b 6 f. Positiv formuliert: *Metaphysik* XII,3; 1070 a 18–20.

25 Plato, *Timaios* 29 A.

26 Ebd. 30 CD, 31 A. So auch Francis M. Cornford, *Plato's Cosmology*, London 1937, S. 40 f.: »The intelligible Living Creature corresponds to it, whole to whole, and part to part.«

27 Der antike Platonismus hat es sich mit dieser Hypothek sauer werden lassen, wie Willy Theiler (*Die Vorbereitung des Neuplatonismus*, Berlin 1930) gezeigt hat. An der Exklusivität der Ideen für die φύσει ὄντα wird festgehalten (z. B. *Chalcidii Plato Timaeus*, hrsg. von Johann Wrobel, Leipzig 1876, 333,8): »ideae sunt exempla naturalium rerum.« Man hilft sich, wie in aller »Scholastik«, mit nominalen Differenzierungen, denen begriffliche Deckung

fehlt, so mit der schon bei Plato anklingenden Unterscheidung von ἰδέα und εἶδος. Das Eidos wird die ins Werk gesetzte Idee.

28 Aristoteles, *Meteorologie* I,9; 346 b 16–347 a 5.

29 Aristoteles, *Metaphysik* XII,2; 1069 b 19. XII,3; 1070 a 8. Vgl. hierzu Hans Blumenberg, »Das Verhältnis von Natur und Technik als philosophisches Problem«, in: *Studium Generale* 4 (1951) S. 463 f.

30 Samuel H. Butcher, *Aristotle's Theory of Poetry and Fine Art*, London [4]1927, S. 126, weist z. B. mit Recht darauf hin, daß man den Ausdruck φαντασία bei Aristoteles nicht genau durch »Imagination« wiedergeben könne, worin »an image-making power« bedeutet werde. An der noch direkteren Wiedergabe mit »Phantasie« läßt sich ein ähnlicher differenzierender Bedeutungszuwachs entnehmen, um dessen ontologische Möglichkeit es uns hier gerade geht. Davon darf man auf Aristoteles nichts zurückfließen lassen. Um so weniger verstehe ich die geheimnisvolle Bemerkung bei Butcher (ebd., S. 127, Anm. 1): »The idea of a creative power in man which transforms the materials supplied by the empirical world is not unknown either to Plato or Aristotle, but it is not a separate faculty or denoted by a distinct name.« Für die Bedeutungsgeschichte von »Phantasie« ist es charakteristisch, wie spät erst originäre Momente zufließen, und nicht weniger, daß es ein Vertreter der sog. »zweiten Sophistik« im 3. Jh. n. Chr. war, der eine neue Definition von φαντασία als »creative imagination« (*A Greek-English Lexicon*, comp. by Henry G. Lidell and Robert Scott, Oxford 1925 ff.) gab: Philostrat in seiner *Apollonius-Vita* (*Flavii Philostrati Opera*, hrsg. von Carl Ludwig Kayser, 2 Bde., Leipzig 1870/71, VI, 19), wo ausdrücklich die »Phantasie« der »Nachahmung« entgegengestellt wird, und zwar im Hinblick auf das Mehr, das in den Götterstatuen eines Phidias oder Praxiteles enthalten ist, das Mehr an Ungesehenem, Unvorgegebenem: »μίμησις μὲν γὰρ δημιουργήσει ὃ εἶδεν, φαντασία δὲ καὶ ὃ μὴ εἶδεν.«

31 Butcher, *Aristotle's Theory of Poetry and Fine Art*, S. 116.

32 Ebd., S. 117.

33 Aristoteles, *Poetik* XXV; 1460 b 11 35.

34 Aristoteles, *Metaphysik* XII,3; 1070 a 7 f.: »ἡ μὲν τέχνη ἀρχὴ ἐν ἄλλῳ, ἡ δὲ φύσις ἀρχὴ ἐν αὐτῷ.«

35 Aristoteles, *De mundo* 5; 396 a 33 – b 22. Es ist sicher falsch, auch das Mimesis-Element dieses Zusammenhanges schon Heraklit zuzusprechen, wie es Carl Michaelis (Art. »μιμέομαι«, in: *Theologisches Wörterbuch zum Neuen Testament*, hrsg. von Gerhard Kittel [u. a.], Bd. 4, Stuttgart 1943, S. 662) tut, wohl veranlaßt durch das Gesamtzitat bei Hermann Diels, *Zwei Fragmente Heraklits*, Berlin [1901], 22 B 10.

36 »οὗ (sc. τοῦ ἡλίου) τὴν φυσικὴν ἐνέργειαν τὰς θνητὰς τέχνας μιμησαμένας [...] μαθητρίας γενομένας τῆς φύσεως.« (Poseidonios, in: *Diodori Biblia historica*, griech./lat., Bd. 2, Paris 1878, 57,7.)

37 Tertullian, *De cultu feminarum* I,8 (übers. von Heinrich Kellner).

38 Karl Reinhardt, *Poseidonios*, München 1921, S. 400. Vgl. die verdichtete Formel für diesen Zusammenhang, bezogen auf die Kunst der Rhetorik, bei Cicero, *De ratione ad C. Herennium*: »Imitetur ars igitur naturam et, quod ea desiderat, id inveniat, quod ostendit, sequatur« (*Opera*, Bd. 1, hrsg. von Friedrich Marx, Leipzig 1925, III, 22,37).

39 Seneca, *Epistulae morales ad Lucilium* XC,16: »Simplici cura constant necessaria: in delicias laboratur. Non desiderabis artifices, si sequere naturam.«

40 Ebd. XC,18.

41 Z. B. Plotin, *Enneaden* V,8,3, wo die Weltverdopplung ins Detail so durchgeführt ist, daß die ursprünglich logische Struktur des Ideenreiches zugunsten der Genauigkeit einer Vorlage der physischen Welt völlig verlorengeht. Welt erscheint dadurch nur in dieser *einen* verbindlichen Gestalt als denkbar. Auch der von Willy Theiler (*Die Vorbereitung des Neuplatonismus*, Berlin 1930, S. 30) beschriebene Vorgang des rangmäßigen Stellungstausches zwischen den Ideen und dem Demiurgen, durch den schon Philo die Ideen als ὄργανον dem Schöpfergott mit Hilfe der Logosspekulation subordiniert, hat die absolute Exemplarität der Ideen als eines integralen Bestandes nicht berührt.

42 Henry Deku, »Possibile Logicum«, in: *Philosophisches Jahrbuch* 64 (1956) S. 10.

43 Augustinus, *De natura et gratia* XLIV,52.

44 Diese Allgemeinheit der Fragestellung kommt am deutlichsten in

der Formulierung der *Retractationes* II,27 heraus: »quomodo [...] posse fieri cuius rei desit exemplum.«

45 Lukrez, *De rerum natura* V,181–186.

46 Augustinus, *De spiritu et littera* I,1.

47 Ebd. XXV,62.

48 Ebd. V,7.

49 Briefliche Formulierungen von Henry Deku.

50 Augustinus, *Confessiones* XII,19,28: »Verum est quod non solum creatum atque formatum, sed etiam quidquid creabile atque formabile est, tu fecisti ex quo sunt omnia.« (Auf die Stelle hat mich Günter Gawlick hingewiesen.)

51 Augustinus, *De vera religione* XVIII,36: »Ita omne quod est inquantum est, et omne quod nondum est inquantum esse potest, ex Deo habet (sc. esse et esse posse).« Der Kontext dieser Stelle ist auch im Hinblick auf den oben diskutierten Zusammenhang von *De spiritu et littera* insofern aufschlußreich, als hier der theologische Begriff der *salus* mit dem des *bonum* identifiziert und auf dem Boden der antiken Voraussetzungen als *integritas naturae* – platonisch: als Entsprechung zu der Idee – ausgelegt wird.

52 Augustinus, *De diversis quaestionibus* LXXXIII, q. 46.

53 Für die Herleitung des *possibile* vom *posse* zitiere ich die *versio latina* von *De natura hominis* des Nemesius von Emesa (*Bibliotheca Scriptorum*, graec. et rom., hrsg. von Karl Burkhard, Leipzig 1917), Kap. 34: »tria igitur haec sunt ad invicem se habentia: potens, potestas, possibile, potens quidem essentia, potestas vero a qua habemus posse, possibile autem, quod secundum potestatem natum est fieri.«

54 Die Bedeutung dieses Autors für die Geschichte des Möglichkeitsbegriffs ist von August Faust, *Der Möglichkeitsgedanke*, Bd. 1, Heidelberg 1931, Kap. 2, S. 72–95, dargestellt worden.

55 Albertus Magnus, *De causis et processu universitatis* I tr. 3 c. 4: »Primum enim et operi proximum, in quo primi est potentia agendi, est illud, quod dat formam operi, et non illud, quod iubet et praecipit opus fieri; lumen autem intellectus universaliter agentis est forma operis opus determinans ad rationem et formam, voluntas autem non est nisi praecipiens ut fiat.«

56 Albertus Magnus, *Summa theologica* I, q. 9 a. 1 ad 2: »[...] suam similitudinem diffundit [sc. divina sapientia] usque ad ultima rerum: nihil enim esse potest quod non procedat a divina sapientia per quamdam imitationem [...].«

57 Albertus Magnus, *Summa contra Gentiles* II, 75 ad 3: »In his autem quae possunt fieri et arte et natura, ars imitatur naturam [...].«

58 *In octo libros Physicorum Aristotelis exposito* II, lect. 13 n. 4 (hrsg. von Mariani Maggiòlo, Turin 1954, S. 126). Um zu zeigen, wie der aristotelische Sinn authentischer getroffen werden kann, zitiere ich noch die Übersetzung des Johannes Argyropylos (hrsg. von, Immanuel Bekker, Berlin 1831, III,109 b): »atque ars omnino alia perficit, quae natura nequit perficere, alia imitando naturam facit.«

59 Bonaventura, *Breviloquium* II,1,1: »universitas machinae mundialis producta est in esse ex tempore et de nihilo, ab uno principio primo, solo et summo; cuius potentia, licet sit immensa, disposuit tarnen omnia in certo pondere, numero et mensura.« In dieser faktischen Bestimmtheit ist ontologisch der »Anreiz«, nachzumessen, nachzuzählen, nachzuwägen, verwurzelt, der den empirischen Weg der Erkenntnis eröffnet.

60 Bonaventura, *II. Sententiarum* I,2,1,1 concl.: »Propter ergo immensitatis manifestationem multa de suis thesauris profert, non omnia, quia effectus non potest aequari virtuti ipsius primae causae.« (*Opera theologica selecta*, hrsg. von Leonardi M. Bello, Collegium Sancti Bonaventura, Quaracchi 1934 ff., Bd. 2, S. 39 f.) Die aristotelisierende Begründung für einen ganz heterogenen Sachverhalt ist charakteristisch. Trotzdem war sich Bonaventura der Differenz zu Aristoteles viel klarer bewußt als Thomas, ja er dachte bereits so »geschichtlich«, daß er Aristoteles dafür loben konnte, daß er in der Frage der Ewigkeit der Welt folgerichtig und seinen eigenen Prinzipien gemäß gedacht habe.

61 Wilhelm von Ockham, *Quodlibeta Septem* VI, q. 1: »Deus multa potest facere quae non vult facere.« (Zit. nach: Reinhold Seeberg, *Lehrbuch der Dogmengeschichte*, Bd. 3, Nachdr. der 4. Aufl. [Berlin 1930], Darmstadt 1960, S. 715.) Hier wird der Zusammenhang un-

seres Problems mit dem »Nominalismus« Ockhams greifbar: der Realismus der *universalia* erweist sich als unvereinbar mit dem strikten Begriff der *creatio ex nihilo*. Das *universale* als das im Konkreten beliebig Wiederholte und Wiederholbare hat nur einen Sinn, solange das Universum des Seinsmöglichen ein *endliches* Ganzes ist (wie der *mundus intelligibilis*), dem Existenz gleichsam nur »zugeführt« wird (*distinctio realis*). Im Begriff der *potentia absoluta* ist nun aber ein *unendliches* All des Möglichen impliziert; das macht die Deutung des Individuellen als »Wiederholung« eines Universellen sinnlos. Schöpfung bedeutet nun für jedes Geschöpf das *ex nihilo* seiner *essentia*. Nur so wird ausgeschlossen, wie Wilhelm argumentiert, daß Gott durch die Erschaffung eines Seienden seine *potentia* einschränkt, weil durch die Setzung eines *universale* im Bereich desselben nur noch »Nachahmung«, nicht aber *creatio* möglich wäre, denn: »creatio est simpliciter de nihilo, ita quod nihil essentiale vel intrinsecum rei simpliciter praecedat in esse reali.« Der Universalienrealismus würde bedeuten, daß »per consequens omnia producta post primum productum non crearentur, quia non essent de nihilo« (Bonaventura, *I. Sententiarum*, dist. 2 q. 4 D). Wieviel Raum das Reich des Möglichen schon bietet, zeigt sich daran, daß Wilhelm gegen seinen Vorgänger Duns Scotus den Satz, Gott allein besitze schöpferische Potenz, für nicht beweisbar erklärt (Wilhelm, *Quodlibeta Septem* VII,23). Dies ist noch nicht die Investitur des Menschen mit dem Attribut des Schöpferischen; aber es löst den Begriff potentiell aus seiner exklusiven Theologizität heraus und läßt erwarten, daß er sich als transplantabel erweisen wird.

62 Nikolaus von Cues, *De docta ignorantia* II,2: »Quoniam ipsa forma infinita non est nisi finite recepta, ut omnis creatura sit quasi infinitas finita aut Deus creatus, ut sit eo modo, quo hoc melius esse possit; ac si dixisset creator: Fiat, et quia Deus fieri non potuit, qui est ipsa aeternitas, hoc factum est, quod fieri potuit Deo sirnilius.«

63 »Quod principi placuit legis vigorem habet« (Ulpianus, *Digesta* I,4,1; Nikolaus von Cues, *De beryllo* XXIX). Das ist ausdrücklich auf die Unfähigkeit der antiken Metaphysik gemünzt, den Schöp-

fungsakt auszulegen: »Cur autem sic sit et non aliter constitutum, propterea non sciret nisi quod demum resolutus [!] diceret: Quod principi [...]« (ebd.; vgl. Kap. XVI). Als biblische Autorität wird Eccl. VIII, 17 zitiert: »Omnium operum Dei nulla est ratio« (ebd.).

64 Nikolaus von Cues, *De ludo globi* I: »[...] perfectiorem et rotundiorem mundum atque etiam imperfectiorem et minus rotundum potuit facere Deus, licet factus sit ita perfectus, sicut esse potuit.«

65 *D. Martin Luthers Werke*, Krit. Gesamtausg., Bd. 18, Weimar 1908, S. 718: »Omnipotentiam vero Dei voco non illam potentiam, qua multa non facit quae potest, sed actualem illam, qua potenter omnia facit in omnibus, quo modo scriptura vocat eum omnipotentem.«

66 Descartes, *Principia philosophiae* III,4: »Principia [...] tam vasta et tam foecunda, ut multo plura ex its sequantur, quam in hoc mundo aspectabili contineri videamus.«

67 Ebd. I,17.

68 Oskar Walzel, *Das Prometheussymbol von Shaftesbury zu Goethe*, München ²1932.

69 Vgl. August Buck, *Italienische Dichtungslehren*, Tübingen 1952.

70 Die Stelle ist ausführlich wiedergegeben bei Walzel, *Das Prometheussymbol von Shaftesbury zu Goethe*, S. 45 f.

71 Ebd., S. 51.

72 Ebd., S. 39; dort auch das folgende Zitat.

73 Ebd., S. 43, für dieses und die folgenden Zitate.

74 Dieses und weitere Zeugnisse bei Hans Sedlmayr, *Verlust der Mitte*, Salzburg 1948, S. 158.

75 Zit. in: *Geschichte der modernen Malerei. Fauvismus und Expressionismus*, Genf 1950, S. 69 ff.

76 Paul Klee, zit. nach: Werner Haftmann, *Paul Klee. Wege bildnerischen Denkens*, München 1950, S. 71.

77 Paul Klee, *Über die moderne Kunst*, Bern 1945, S. 43.

78 Immanuel Kant, *Kritik der Urteilskraft*, § 45.

79 Paul Klee, zit. nach: Haftmann, *Paul Klee*, S. 71.

Anthropologische Annäherung an die Aktualität der Rhetorik

Was der Mensch ist, wurde in zahllosen definitionsähnlichen Bestimmungsversuchen auf Sätze gebracht. Die Spielarten dessen, was man heute Philosophische Anthropologie nennt, lassen sich auf *eine* Alternative reduzieren: der Mensch als armes oder als reiches Wesen. Daß der Mensch biologisch nicht auf eine bestimmte Umwelt fixiert ist, kann als fundamentaler Mangel einer ordentlichen Ausstattung zur Selbsterhaltung oder als Offenheit für die Fülle einer nicht mehr nur vital akzentuierten Welt verstanden werden. Kreativ macht den Menschen die Not seiner Bedürfnisse *oder* der spielerische Umgang mit dem Überfluß seiner Talente. Er ist das Wesen, das unfähig ist, irgend etwas umsonst zu tun, *oder* das Tier, das allein zum ›acte gratuit‹ fähig ist. Der Mensch wird definiert durch das, was ihm fehlt, *oder* durch die schöpferische Symbolik, mit der er sich in eigenen Welten beheimatet. Er ist der Zuschauer des Universums in der Mitte der Welt *oder* der aus dem Paradies vertriebene Exzentriker auf dem Stäubchen Erde, das nichts bedeutet. Der Mensch birgt in sich den wohlaufgeschichteten Ertrag aller physischen Wirklichkeit *oder* er ist das von der Natur im Stich gelassene Mängelwesen, geplagt von unverstandenen und funktionslos gewordenen Instinktresiduen. Ich brauche mit der Aufzählung der Antithesen nicht fortzufahren; man sieht leicht das Prinzip, nach dem sie sich verlängern ließe.

Was die Rhetorik betrifft, so lassen sich ihre traditionellen Grundauffassungen ebenso auf *eine* Alternative zurückführen: Rhetorik hat es zu tun mit den Folgen aus dem Besitz von Wahrheit *oder* mit den Verlegenheiten, die sich aus der Unmöglichkeit ergeben, Wahrheit zu erreichen. PLATO führte den Kampf gegen die Rhetorik der Sophisten mit der Unterstellung, sie beruhe auf der These von der Unmöglichkeit der Wahrheit und folgere daraus das Recht, das Durchsetzbare für das Wahre auszugeben. Die in unserer Tradition einflußreichste Rhetorik, die des CICERO, geht dagegen vom möglichen Wahrheitsbesitz aus und gibt der Redekunst die Funktion, die Mitteilung dieser Wahrheit zu verschönen, sie eingängig und eindrucksvoll zu machen, kurz; der Sache angemessen mit ihr zu verfahren. Die christliche Tradition schwankt zwischen den beiden möglichen Konsequenzen aus der Prämisse des Wahrheitsbesitzes, daß einerseits die göttliche Wahrheit der menschlichen Hilfestellungen rhetorischer Art nicht bedarf und sich aufs schmuckloseste selbst darbieten sollte – ein Muster, das sich in jeder Rhetorik der Aufrichtigkeit wiederholt – und daß andererseits eben diese Wahrheit sich im kanonisierten Gehäuse der rhetorischen Regeln humanisiert. In der neuzeitlichen Ästhetik feiert die Implikation der Rhetorik, sie habe es positiv oder negativ mit der Wahrheit zu tun, ihren letzten Triumph, in dem sich der Zusammenhang umkehrt: der Schluß von der Kunst der Rede, vom Stil, vom Schönen auf den Wahrheitsgehalt wird zulässig, oder gar: Kunst und Wahrheit werden identisch. Die von Plato gesetzte Feindschaft zwischen Philosophie und Rhetorik ist in der Philosophie selbst, zumindest in ihrer Sprache, als Ästhetik gegen die Philosophie entschieden. Nur als Ästhetik?

Es läßt sich leicht sehen, daß man die beiden radikalen Alternativen der Anthropologie und der Rhetorik einander eindeutig zuordnen kann. Der Mensch als das reiche Wesen verfügt über seinen Besitz an Wahrheit mit den Wirkungsmitteln des rhetorischen *ornatus*. Der Mensch als das arme Wesen bedarf der Rhetorik als der Kunst des Scheins, die ihn mit seinem Mangel an Wahrheit fertig werden läßt. Die erkenntnistheoretische Situation, die Plato der Sophistik unterstellt hatte, radikalisiert sich anthropologisch zu der des ›Mängelwesens‹, dem alles in die Ökonomie seines Instrumentariums zum Überleben rückt und das sich Rhetorik folglich nicht leisten kann, es sei denn, daß es sich sie leisten muß. Die anthropologische Verschärfung der Ausgangsbedingungen hat zur Folge, daß auch der Begriff einer ihnen zugeordneten Rhetorik elementarer gefaßt werden muß. Die Technik der Rede erscheint dabei als der spezielle Fall von geregelten Weisen des Verhaltens, das etwas zu verstehen gibt, Zeichen setzt, Übereinstimmung bewirkt oder Widerspruch herausfordert. Ein Schweigen, eine sichtbare Unterlassung in einem Verhaltenskontext können so rhetorisch werden wie ein vom Blatt abgelesener Aufschrei des Volkszorns, und der platonische Dialog ist nicht weniger zur Rhetorik aufgelegt als der sophistische Lehrvortrag, gegen den er literarisch angetreten ist. Rhetorik ist, auch unterhalb der Schwelle des gesprochenen oder geschriebenen Wortes, Form als Mittel, Regelhaftigkeit als Organ. NIETZSCHE mag fehlgegangen sein mit der Feststellung, Platos Kampf gegen die Rhetorik sei aus dem Neid auf ihren Einfluß zu verstehen, aber hat recht, wenn er an derselben Stelle sagt, die Griechen hätten mit der Rhetorik die ›Form an sich‹ erfunden.[1]

Die beiden großen Negationen Platos, die der Atomistik und die der Sophistik, waren wohl noch folgenreicher als die dogmatischen Positionen seiner als »Platonismus« benannten und dadurch feststellbaren Wirkungsgeschichte. Der philosophische Vorzug des semantischen Sachverhältnisses der Sprache hatte eine ständige Empfindlichkeit gegen die pragmatische Sprachauffassung der Rhetorik zur Folge, die nur episodisch zugunsten der Rhetorik umschlug, wenn die Begriffssprache in Formen der Scholastik ihren Sachbezug unglaubwürdig werden ließ. Der zu den trivialen Bildungsbeständen gehörende Satz des platonischen SOKRATES, Tugend sei Wissen, macht die Evidenz anstelle der Institution zur

Norm des Verhaltens. Niemand wird bestreiten wollen, daß er damit ein Ideal formulierte, ohne dessen bald hochgemute, bald verzweifelte Verfolgung europäische Tradition nicht gedacht werden kann. Aber ebenso gilt, daß er eine Überforderung konstituierte, der die Resignationen auf dem Fuße folgten – angefangen bei dem katastrophalen Rückschlag, den die Ideenlehre in Platos eigener Schule durch den Ausbruch des akademischen Skeptizismus kaum ein Jahrhundert nach dem Tode ihres Begründers erfuhr, und endend bei dem, was Nietzsche als Nihilismus bezeichnet hat. Die Philosophie der absoluten Ziele legitimierte nicht die Theorie der Mittel, sondern verdrängte und erstickte sie. Eine Ethik, die von der Evidenz des Guten ausgeht, läßt keinen Raum für die Rhetorik als Theorie und Praxis der Beeinflussung von Verhalten unter der Voraussetzung, daß Evidenz des Guten nicht verfügbar ist. Das betrifft auch die in der Rhetorik angelegte und aufgegangene »Anthropologie«; als eine Theorie des Menschen außerhalb der Idealität, verlassen von der Evidenz, hat sie die Möglichkeit, »philosophisch« zu sein, verloren und wird die letzte und verspätete Disziplin der Philosophie.

Die anthropologische Bedeutung der Rhetorik profiliert sich am ehesten vor dem Hintergrund der seit der Antike dominanten Metaphysik, die einen kosmologischen Grundriß hat: die Ideen bilden einen Kosmos, den die erscheinende Welt nachbildet. Der Mensch, mag er auch in der Mitte des Ganzen als Zuschauer noch so bevorzugt plaziert sein, ist dennoch kein reiner Sonderfall, sondern eher ein Schnittpunkt fremder Realitäten, eine Komposition – und als solche problematisch. In dem modernisierten Schichtenmodell lebt der Gedanke fort, beim Menschen sei einiges zueinander gekommen, was sich schwer miteinander verträgt. Prinzipiell besagt diese Metaphysik, daß die Gedanken des Menschen auch die eines Gottes sein könnten und das, was ihn bewegt, das Bewegende einer

Himmelssphäre oder eines Tieres. Man stand vor einer Komplikation der sich sonst nur rein darstellenden und umweglos regulierenden Natur, die sich am ehesten als Unfall oder Vermischung heterogener Elemente erklären ließ; das Problem des Verhaltens war dann, einem dieser Elemente die Herrschaft über die anderen zuzuweisen, eine Art substantieller Konsequenz herzustellen. Kurz: über den als einzigartig behaupteten Menschen hat die metaphysische Tradition im Grunde nichts besonderes zu sagen gewußt. Das ist erstaunlich, aber es hängt eng mit der philosophischen Verbannung der Rhetorik zusammen. Denn die Rhetorik geht aus von dem und nur von dem, worin der Mensch einzig ist, und zwar nicht deshalb, weil Sprache sein spezifisches Merkmal wäre, sondern weil Sprache in der Rhetorik als Funktion einer spezifischen Verlegenheit des Menschen zutage tritt. Will man diese Verlegenheit in der Sprache der traditionellen Metaphysik ausdrücken, so wird man sagen müssen, daß der Mensch zu diesem Kosmos (wenn es ihn denn gibt) nicht gehört – und zwar nicht wegen eines transzendenten Überschusses, sondern wegen eines immanenten Mangels: des Mangels an vorgegebenen, präparierten Einpassungsstrukturen und Regulationen für einen Zusammenhang, der »Kosmos« zu heißen verdiente und innerhalb dessen etwas Teil des Kosmos genannt werden dürfte. Auch in der Sprache der modernen biologischen Anthropologie ist der Mensch ein aus den Ordnungsleistungen der Natur zurückgefallenes Wesen, dem Handlungen die Regelungen ersetzen müssen, die ihm fehlen, oder die korrigieren müssen, die erratische Ungenauigkeit angenommen haben. Handeln ist die Kompensation der »Unbestimmtheit« des Wesens Mensch, und Rhetorik ist die angestrengte Herstellung derjenigen Übereinstimmungen, die anstelle des »substantiellen« Fundus an Regulationen treten müssen, damit Handeln möglich wird. Unter diesem Aspekt ist Sprache nicht ein Instrumentarium zur Mitteilung von Kenntnissen oder Wahrheiten, sondern primär der Herstellung der Verständigung, Zustimmung oder Duldung, auf die der Handelnde angewiesen ist. Hier wurzelt der *consensus* als Basis für den Begriff von dem, was »wirklich« ist: »wovon alle überzeugt sind, das nennen wir wirklich«, sagt ARISTOTELES[2] und hat dafür immer ein teleologisches Argument im Hintergrund. Erst die skeptische Zerstörung dieses Rückhalts macht den pragmatischen Untergrund des *consensus* wieder sichtbar.

Ich weiß, daß der Ausdruck »Skepsis« gegenwärtig nicht hoch im Kurs steht. Dazu wird zu vieles wieder einmal zu genau gewußt, und da ist man nicht gern der Störenfried. Aber die Anthropologie, deren metaphysische Verdrängung ich kurz zu lokalisieren versucht habe, ist in der untergründigen, nur gelegentlich aufflackernden Tradition des Skeptizismus am ehesten dringlich geworden, wenn die ewigen Wahrheiten auf das Maß der nächsten Verläßlichkeiten herabgestimmt werden mußten und der Mensch nicht mehr als verkleidete Variante eines reinen Geistes erschienen war. Die erste philosophische Anthropologie, die diesen Namen verdiente, ist am Anfang der Neuzeit MONTAIGNES *Apologie de Raimond Sebond.* Unter den Händen eines Skeptikers, der über den Menschen hinauszufragen sich verwehrt sieht, gerät ein überwiegend konventionelles Material in einen neuen Aggregatzustand, in welchem der einzige noch mögliche Gegenstand des Menschen erzwingt, daß alles nur noch Symptom dieses Gegenstandes ist. Über die Moralistik führt diese Tradition zu der ausdrücklich so benannten *Anthropologie* KANTS.

Die nur zum Zwecke ihrer endgültigen Erledigung aufgehäufte Skepsis im Vorfeld von Erkenntnistheorien (aber auch der Phänomenologie Husserls) bringt sich um die Chance ihres anthropologischen Ertrages, der an der Frage hängt, was dem Menschen bleibt, wenn ihm der Griff nach der reinen Evidenz, nach der absoluten Selbstbegründung mißlingt. Beleg für diesen Sachverhalt ist die Art, wie DESCARTES nicht nur den radikalisierten theoretischen Zweifel, sondern auch das Problem einer *morale par provision* erledigt hatte, die bis zur Vollendung der theoretischen Erkenntnis die dann möglich werdende *morale définitive* vertreten sollte. Descartes' noch immer aufschlußreiche Illusion bestand nicht so sehr darin, daß die *morale définitive* bald kommen müsse, weil die Physik schnell zu vollenden wäre, sondern vielmehr darin, daß die Zwischenzeit eine statische Phase des Festhaltens am seit eh und je Verbindlichen sein könne. Descartes erkannte nichts von der Rückwirkung des theoretischen Prozesses auf das vermeintliche Interim der provisorischen Moral. Es ist sehr merkwürdig, die Folgen dieser Idee einer *morale par provision* unter der Voraussetzung der ausbleibenden wissenschaftlichen Eschatologie zu bedenken und darin vieles von dem wiederzuerkennen, was die immer wieder enttäuschten Enderwartungen gegenüber der Wissenschaft an Gemeinsamkeiten produzieren. Daß Descartes das Vorläufige als Stillstand inszenieren wollte, brachte ihn um die Nötigung, die anthropologischen Implikationen dieses Zustandes zu durchdenken. So konnte er als Exempel der provisorischen Moral den im Walde Verirrten aufstellen, der nur in einer Richtung entschlossen geradeaus zu gehen braucht, um aus dem Walde herauszukommen, da alle Wälder endlich sind und für die gedachte Situation als unveränderlich betrachtet werden dürfen. Die Empfehlung der formalen Entschlossenheit für die provisorische Moral bedeutet das Verbot der Beachtung aller konkreten Merkmale der Situation und ihrer Veränderungen, einschließlich der Disposition des Menschen für eine Lage der ungewissen Orientierung. Die angekündigte Endleistung der »Methode« verhindert die gegenwärtige Selbstverständigung des Menschen, verhindert auch Rhetorik als eine Technik, sich im Provisorium vor allen definitiven Wahrheiten und Moralen zu arrangieren. Rhetorik schafft Institutionen, wo Evidenzen fehlen.

Man könnte den Dualismus von Philosophie und Rhetorik, dessen Ausgleich immer wieder mißlungen ist, in einem bestimmten geschichtsphilosophischen Konzept aufgehen lassen, das den Entwurf des Descartes umformt, indem es die Bedingungen der *morale par provision* skeptisch modifiziert. Zweifelhaft bleibt nicht nur die Vollendbarkeit wissenschaftlicher Erkenntnis, auf welchem Gebiet immer, sondern auch der mögliche Ertrag solcher Vollendung für eine *morale définitive*. Es ist fast vergessen, daß der »Fortschritt« nichts anderes ist als die auf Dauer gestellte Lebensform jenes cartesischen Interims, für das die provisorische Moral gedacht war. Worin Descartes recht behielt, ist dies, daß es nicht so etwas wie einen vorläufigen und vorab gewährten Anteil am Erfolg des Ganzen gibt. Anders ausgedrückt: das Programm der Philosophie gewinnt oder verliert, aber es wirft keinen Ertrag auf Raten ab. Alles, was diesseits der Evidenz übrig bleibt, ist Rhetorik; sie ist das Organ der *morale par provision*. Diese Feststellung bedeutet vor allem, daß sie ein Inbegriff legitimer Mittel ist. Die Rhetorik gehört in ein Syndrom skeptischer Voraussetzungen. Darüber kann nicht hinwegtäuschen, daß sie sich gegen das Verdikt der »bloßen Mittel« nur erwehren konnte, indem sie sich als das Mittel der Wahrheit ausgab. Denn noch in ihren Siegen mußte die Rhetorik »rhetorisch« verfahren: als im 4. vorchristlichen Jahrhundert die Rhetorik faktisch die philosophischen Ansprüche ausgeschaltet hatte, nannte ISOKRATES seine Sophistik mit einem sophistischen Kunstgriff »Philosophie«. Der Sinn der Griechen für Wirkung, statt für Wirklichkeit, ist für JACOB BURCKHARDT die Basis der Rhetorik, die »nur auf Augenblicke« sich zur »Staatsberedsamkeit« aufschwang, im übrigen »aber auf den Erfolg vor den Tribunalen hin ausgebildet« gewesen sei. Aber von den Griechen selbst ist die Überredung in den Gegensatz zur Überwältigung gestellt worden: im Umgang der Griechen mit Griechen, so Isokrates, sei das Überreden angemessen, im Umgang mit Barbaren der Gebrauch der Macht; aber diese Differenz ist als eine der Sprache und der Bildung verstanden, weil Überredung Gemeinsamkeit eines Horizontes voraussetzt, der Anspielung auf Prototypisches, der Orientierung an der Metapher, am Gleichnis. Die Antithese von Wahrheit und Wirkung ist oberflächlich, denn die rhetorische Wirkung ist nicht die wählbare Alternative zu einer Einsicht, die man *auch* haben könnte, sondern zu der Evidenz, die man *nicht* oder noch nicht, jedenfalls hier und jetzt nicht, haben kann. Dabei ist Rhetorik nicht nur die Technik, solche Wirkung zu erzielen, sondern immer auch, sie durchschaubar zu halten: sie macht Wirkungsmittel bewußt, deren Gebrauch nicht eigens verordnet zu werden braucht, indem sie expliziert, was ohnehin schon getan wird.

So lange die Philosophie ewige Wahrheiten, endgültige Gewißheiten wenigstens in Aussicht stellen mochte, mußte ihr der *consensus* als Ideal der Rhetorik, Zustimmung als das auf Widerruf erlangte Resultat der Überredung, verächtlich erscheinen. Aber mit ihrer Umwandlung in eine Theorie der wissenschaftlichen »Methode« der Neuzeit blieb auch der Philosophie der Verzicht nicht erspart, der aller Rhetorik zugrunde liegt. Zwar erschien es zunächst so, als seien die Hypothesen der Wissenschaft immer vorläufige Hilfsmittel der Erkenntnis, Anweisungen zur Herbeiführung der Verifikation und damit der endgültigen Sicherung; aber die Geschichte der Wissenschaft gab Aufschluß darüber, daß auch Verifikation den Typus der Zustimmung auf Widerruf repräsentiert, daß die Publikation jeder Theorie einen Appell impliziert, die angegebenen Wege ihrer Bestätigung nachzugehen und ihr das Placet der Objektivität zu geben, ohne daß durch diesen Prozeß je endgültig ausgeschlossen werden kann, daß auf anderen

Wegen anderes gefunden und Widerspruch erhoben wird. Das, was THOMAS S. KUHN in seiner *Struktur wissenschaftlicher Revolutionen*[3] das »Paradigma« genannt hat – die beherrschende Grundvorstellung in einer wissenschaftlichen Disziplin für einen längeren Zeitraum, die sich alles verfeinernde und erweiternde Nachforschungen integriert –, dieses Paradigma ist nichts anderes als ein *consensus*, der sich zwar nicht ausschließlich, aber auch über die Rhetorik der Akademien und der Lehrbücher zu stabilisieren vermochte.

Mag der Mangel an Evidenz auch die dem theoretischen Prozeß und der Rhetorik gemeinsame Situationsbestimmung sein, so hat doch die Wissenschaft sich den unschätzbaren Vorteil verschafft, die Vorläufigkeit ihrer Resultate unbegrenzt ertragen zu können. Das ist nicht selbstverständlich; noch Descartes hätte es für unerträglich gehalten. Aber seine Vorstellung der »Methode« hat es möglich gemacht, Wissenschaft als einen ständig »übertragbaren«, die Individuen und Generationen nur als Funktionäre sich integrierenden Gesamtprozeß zu verstehen und zu organisieren. Alles Handeln, welches sich als »Anwendung« auf diese Art von Theorie stützt, muß die Schwäche ihrer Vorläufigkeit teilen, jederzeit desavouiert werden zu können. Auch Theorien werben implizit um »Zustimmung«, wie es Rhetorik explizit tut. Der entscheidende Unterschied besteht in der Dimension der Zeit; Wissenschaft kann warten oder steht unter der Konvention, es zu können, während Rhetorik den Handlungszwang des Mängelwesens als konstitutives Situationselement voraussetzt – wenn sie nicht mehr *ornatus* einer Wahrheit sein kann. Es ist deshalb eine Kopie der Prozeßform von Wissenschaft, wenn die Diskussion als Instrument der öffentlichen Willensbildung so betrachtet wird, als sei sie ein Mechanismus rationaler Ergebnisfindung, während sie sich doch gerade die prinzipielle Unendlichkeit der wissenschaftsförmigen Rationalität nicht leisten kann. Die begrenzte Redezeit mag die Strenge der rhetorischen Formvorschriften nur dürftig ersetzt haben, aber sie ist auch als Ersatz ein essentielles Institut der Rhetorik; wo sie mißachtet wird oder unbekannt ist oder gar ihr Gegenteil institutionalisiert wird (»Filibuster«), wird der Alternativcharakter der Rhetorik zum Terror manifest. Sich unter dem Aspekt der Rhetorik zu verstehen heißt, sich des Handlungszwanges ebenso wie der Normentbehrung in einer endlichen Situation bewußt zu sein. Alles, was hier nicht Zwang ist, gerät zur Rhetorik, und Rhetorik impliziert den Verzicht auf Zwang.

Dabei kann der Handlungszwang, der die rhetorische Situation bestimmt und der primär eine physische Reaktion verlangt, rhetorisch so transformiert werden, daß die erzwungene Handlung, durch *consensus* wiederum »nur« eine rhetorische wird. Physische durch verbale Leistungen zu ersetzen, ist ein anthropologisches Radikal; Rhetorik systematisiert es. ERNST CASSIRER hat in seiner *Philosophie der symbolischen Formen* den Menschen als das *animal symbolicum* beschrieben, dessen originäre Leistung es sei, den äußeren »Eindruck« als »Ausdruck« von Innerem umzuverstehen und derart für etwas Fremdes und Unzugängliches etwas anderes, sinnlich Greifbares zu setzen. Sprache, Mythos, Kunst und Wissenschaft sind nach Cassirer Regionen solcher »symbolischen Formen«, die im Prinzip nur jenen primären Umsetzungsvorgang von »Eindruck« in »Ausdruck« wiederholen. Aber diese Theorie Cassirers verzichtet darauf zu erklären, weshalb die »symbolischen Formen« gesetzt werden; das Faktum, daß sie in der Kulturwelt in Erscheinung treten, läßt den Schluß auf das *animal symbolicum* zu, das sein »Wesen« in seinen Kreationen äußert. Eine Anthropologie des »reichen« Menschen läßt auf der Basis einer gesicherten, zumindest unbefragten biologischen Existenz Schicht um Schicht das Kulturgehäuse der »symbolischen Formen« emporwachsen. Die Anreicherung der nackten

Existenz steht in keinem Funktionszusammenhang zu ihrer Möglichkeit. Aber sofern Philosophie Abbau von Selbstverständlichkeiten ist, hat eine »philosophische« Anthropologie zum Thema zu machen, ob nicht die physische Existenz gerade erst das Resultat derjenigen Leistungen ist, die dem Menschen als »wesentlich« zugesprochen werden. Die erste Aussage einer Anthropologie wäre dann: es ist nicht selbstverständlich, daß der Mensch existieren kann. Der Typus einer solchen Überlegung ist in der neuzeitlichen Staatsvertragstheorie vorgebildet, die die Notwendigkeit der Begründung des bürgerlichen Zustandes des Menschen daraus deduziert, daß sie im »natürlichen« Zustand einen Widerspruch gegen die Bedingungen der Möglichkeit physischer Existenz findet. Bei HOBBES ist der Staat das erste Artefakt, das nicht die Lebenssphäre in Richtung auf eine Kulturwelt anreichert, sondern ihren tödlichen Antagonismus beseitigt. Philosophisch ist an dieser Theorie nicht primär, daß sie das Auftreten einer Institution wie des Staates – und noch dazu des absolutistischen – erklärt, sondern daß sie die vermeintliche *Wesens*-Bestimmung des Menschen als des ›zoon politicon‹ in eine funktionale Darstellung überführt. Ich sehe keinen anderen wissenschaftlichen Weg für eine Anthropologie, als das vermeintlich ›Natürliche‹ auf analoge Weise zu destruieren und seiner ›Künstlichkeit‹ im Funktionssystem der menschlichen Elementarleistung ›Leben‹ zu überführen. Einen ersten Versuch dieser Art hat PAUL ALSBERG 1922 mit seinem zu wenig beachteten, weil schon im Titel und in der Sprache fehlleitenden, Buch *Das Menschheitsrätsel* unternommen. ARNOLD GEHLEN hat dann 1940 mit dem grundlegenden, wenn auch in der Intention fragwürdigen Werk *Der Mensch* den Ansatz zu einer Theorie der Wahrnehmung und der Sprache ausgebaut und seither zu einer Fundierung der Lehre von der ›Institution‹ weitergeführt. Mit Gehlens Absolutismus der ›Institutionen‹ kehrt die Anthropologie in gewisser Weise zu ihrem Ausgang im Modell des Staatsvertrags zurück. Die Diskussion um diese Anthropologie hat bis heute nicht geklärt, ob jene fatale Rückkehr unausweichlich ist.

Der Mangel des Menschen an spezifischen Dispositionen zu reaktivem Verhalten gegenüber der Wirklichkeit, seine Instinktarmut also, ist der Ausgangspunkt für die anthropologische Zentralfrage, wie dieses Wesen trotz seiner biologischen Indisposition zu existieren vermag. Die Antwort läßt sich auf die Formel bringen: indem es sich nicht unmittelbar mit dieser Wirklichkeit einläßt. Der menschliche Wirklichkeitsbezug ist indirekt, umständlich, verzögert, selektiv und vor allem »metaphorisch«. Wie der Mensch mit dem Übermaß der Anforderungen aus seinem Wirklichkeitsverhältnis fertig wird, ist in der nominalistischen Interpretation des Urteils seit langem vorgeführt worden. Prädikate sind ›Institutionen‹; etwas Konkretes wird begriffen, indem es aufgelöst wird in seine Zugehörigkeiten zu diesen Institutionen. Als Konkretes ist es verschwunden, wenn es in Urteilen aufgegangen ist. Aber, etwas *als* etwas zu begreifen, unterscheidet sich radikal von dem Verfahren, etwas *durch* etwas anderes zu begreifen. Der metaphorische Umweg, von dem thematischen Gegenstand weg auf einen anderen zu blicken, der vorgreifend als aufschlußreich vermutet wird, nimmt das Gegebene als das Fremde, das Andere als das vertrauter und handlicher Verfügbare. Ist der Grenzwert des Urteils die Identität, so ist der Grenzwert der Metapher das Symbol; hier ist das Andere das ganz Andere, das nichts hergibt als die pure Ersetzbarkeit des Unverfügbaren durch das Verfügbare. Das *animal symbolicum* beherrscht die ihm genuin tödliche Wirklichkeit, indem es sie vertreten läßt; es sieht weg von dem, was ihm unheimlich ist, auf das, was ihm vertraut ist. Am deutlichsten wird das dort, wo das Urteil mit seinem Identitätsanspruch überhaupt nicht ans Ziel kommen kann, entweder weil sein Gegenstand das Verfahren überfordert (die »Welt«, das »Leben«, die »Geschichte«, das »Bewußtsein«) oder weil der Spielraum für das Verfahren nicht ausreicht, wie in Situationen des Handlungszwanges, in denen rasche Orientierung und drastische Plausibilität vonnöten sind. Die Metapher ist nicht nur ein Kapitel in der Behandlung der rhetorischen Mittel, sie ist signifikantes Element der Rhetorik, an dem ihre Funktion dargestellt und auf ihren anthropologischen Bezug gebracht werden kann.

Es wäre ganz einseitig und unvollständig, die Rhetorik nur als die »Notlösung« angesichts des Mangels an Evidenz in Situationen des Handlungszwanges darzustellen. Sie ersetzt nicht nur die theoretische Orientierung für die Handlung; bedeutender ist, daß sie die Handlung selbst zu ersetzen vermag. Der Mensch kann nicht nur das eine anstelle des anderen *vorstellen*, sondern auch das eine anstelle des anderen *tun*. Wenn die Geschichte überhaupt etwas lehrt, so dieses, daß ohne diese Fähigkeit, Handlungen zu ersetzen, von der Menschheit nicht mehr viel übrig wäre. Die ritualisierte Vertretung des Menschenopfers durch ein Tieropfer, wie sie in der Abraham-Isaak-Geschichte noch durchscheint, mag ein Anfang gewesen sein. Das Christentum hat es durch zwei Jahrtausende hindurch für ganz verständlich gehalten, daß der Tod des einen das geschuldete Unheil aller aufwiegen kann. FREUD hat im Totenmahl die Konvention der Söhne gesehen, mit der Tötung des Hordenvaters ein Ende zu machen und statt dessen – eben etwas anderes zu tun. Vor der gemeinsamen Amerikareise 1909 überredete Freud den des Schulverrats verdächtigen C. G. JUNG in Bremen, zum Essen Wein zu trinken – was gegen die Grundsätze seines ersten Lehrers Bleuler verstieß –, statt ihn zu einem Akt der Unterwerfung zu bringen, im Grunde des Inhalts, nicht selbst der Vater sein zu wollen. Politisch gilt der Vorwurf, ein verbaler oder demonstrativer Akt sei »reine Rhetorik«, als schwer; aber das gehört selbst zu einer Rhetorik, die nicht wahrhaben will und auch gar nicht wahrzuhaben braucht, daß eine Politik um so besser ist, je mehr sie es sich leisten kann, sich auf »bloße Worte« zu beschränken. Außenpolitisch tragen Warnungen am meisten ein, die in dem Augenblick noch ausgesprochen werden, in dem der Gewarnte ohnehin davon Abstand genommen hat, den Akt zu vollziehen, vor dem er gewarnt wird. Es kann alles darauf ankommen, es – wie man zu sagen sich gewöhnt hat – »bei Erklärungen zu belassen«, den Handlungszwang herunterzureden, wenn das Risiko des Handelns alle möglichen Erfolge des Handelns zu disqualifizieren vermag. Hier spielen Fragen des Wirklichkeitsbegriffes herein, die an dieser Stelle nicht ausgetragen werden können.

Evidenzmangel und Handlungszwang sind die Voraussetzungen der rhetorischen Situation. Rhetorisch ist aber nicht nur das substitutive und metaphorische Verfahren. Der Handlungszwang selbst ist kein durch und durch »realer« Faktor, er beruht auch auf der »Rolle«, die dem Handelnden zugeschrieben wird oder mit der er sich selbst zu definieren sucht – auch das Selbstverständnis bedient sich der Metaphorik und »sich selbst gut zuzureden« ist eine Wendung, die verrät, daß der interne Gebrauch von Rhetorik keine Neuentdeckung ist. Die heute wieder gängige Rollenmetaphorik beruht auf einer sehr soliden Tradition, Leben und Welt als »Theater« zu veranschaulichen, und es ist nicht für alle historischen Formen von Theater gleichermaßen selbstverständlich, daß seine »Rollen« so fixiert sind, wie wir es heute beim Gebrauch der Metapher voraussetzen. Jemand im Verlauf eines Konfliktes zu gestatten, »sein Gesicht zu wahren«, kommt zwar aus einem anderen Sprachbereich, deckt aber weitgehend das in der Rollenmetaphorik implizierte Gebot, die Bezugsperson eines Vorganges, der diese zur Änderung ihres Verhaltens bestimmen soll, nicht aus der Identität ihrer Rolle herauszuzwingen, sondern die zugemutete Schwenkung als glaubwürdige Konsequenz anzubieten. Ich brauche nicht zu illustrieren, in welchem Maße die Politik von großen und kleinen Mächten heute mit dem Ausdruck der Rollendefinition und Rollenerwartung (hier ist die anthropologische Metapher nochmals zur Metapher genommen) beschrieben werden kann und welche pragmatischen Anweisungen, potentiell rhetorisches Verhalten aktuell rhetorisch zu behandeln, darin enthalten sind. GEORG SIMMEL hat darauf hingewiesen, daß die Rollenmetapher nur deshalb so leistungsfähig ist, weil das Leben eine »Vorform der Schauspielkunst« sei; gerade Simmel hat dabei erkannt, daß mit dieser Metaphorik nichts mehr von der Unterstellung verbunden ist, es ginge um Illusion, szenisches Doppelleben mit und ohne Maske, mit und ohne Kostüm, so daß man Bühne und Schauspieler nur zu entblößen brauchte, um der Realität ansichtig zu werden; und dem theatralischen Intermezzo ein Ende zu machen. Jenes »Leben«, von dem Simmel spricht, ist nicht nebenher und episodisch »Vorform« der Schauspielkunst, sondern Lebenkönnen und Sich-eine-Rolle-definieren sind identisch. Ich behaupte nun, daß nicht nur dieses Reden von der »Rolle« metaphorisch ist, sondern daß der Definitionsprozeß des Rollenkonzepts – an dem das Identitätsbewußtsein hängt und mit dem es verletzt werden kann – selbst in der Metapher wurzelt und intern wie extern metaphorisch behauptet und verteidigt wird. Gerade der Verteidigungsfall macht das deutlich: ERVING GOFFMANS *Stigma* (1963) belegt es vielfältig. Die »Zustimmung« die das Ziel jeder »Überredung« (sogar der Selbstüberredung) sein muß, ist die in allen Situationen gefährdete und immer neu zu sichernde Kongruenz von Rollenbewußtsein und Rollenerwartung seitens der anderen. Vielleicht ist »Zustimmung« ein zu starker Ausdruck, denn Beifall wäre immer schon ein Überschußmoment. Im Grunde kommt es darauf an, keinen Widerspruch zu finden, sowohl im internen Sinne der Konsistenz als auch im externen Sinne der Hinnahme. Rhetorik ist nicht nur ein System, um Mandate zum Handeln zu werben, sondern um eine sich formierende und formierte Selbstauffassung bei sich selbst und vor anderen durchzusetzen und zu verteidigen. Wissenschaftstheoretisch erfüllt die metaphorisch konzipierte »Rolle« die Funktion einer Hypothese, welche jeder Akt »verifiziert«, der sie nicht falsifiziert. Der Rest, der aller Rhetorik vom teleologischen Wert des *consensus* als einer Bürgschaft der Natur noch geblieben ist, ist die Sicherung des Nicht-Widerspruchs, des Nicht-Zerbrechens der Konsistenz des Hingenommenen, das im politischen Tagesjargon deshalb gern eine »Plattform« genannt wird. Es ist angesichts dieses Befundes verständlich, daß ein Bedürfnis nach der »Basis gemeinsamer Überzeugungen« immer wieder und in immer anderen Angeboten virulent wird. Man mag den *consensus* weiterhin eine »Idee« der rhetorischen Wirkung nennen; in der anthropologischen Begründung der rhetorischen Funktion ist er redundant.

Die rhetorische Substitution im Handlungszwang und die rhetorische Abschirmung der Selbstpräsentation als »Selbsterhaltung« haben gemeinsam, daß sie zwar kreative Akte (Symbolschöpfung, Rollenkonzeption) voraussetzen, aber in der reinen Kreativität doch ohnmächtig und funktionslos bleiben. Hier stellt sich zugleich die Frage, ob der heute so gesuchte Zusammenhang von Produktionsästhetik und Rezeptionsästhetik nicht auf eine analoge Struktur hinführt. »Jede Kunst hat eine Stufe der Rhetorik«, schreibt NIETZSCHE 1874 in einem Fragment über Cicero.[4] Die »Erfindung« des substitutiven Symbols etwa kann der harmloseste, phantasieärmste Akt von der Welt sein; es muß zur Anerkennung gebracht werden, und dafür enthält es materiell – im Gegensatz zum ästhetischen Werk – nicht den geringsten Anreiz. Aber diese Anerkennung ist hier so gut wie alles; erst sie hat Folgen. Ich erinnere an die klassische politische Formel, der Handel folge der Flagge; heute kann man ihn umkehren und sagen, die Flagge folge dem Handel (Staaten, die nicht einmal diplomatische Beziehungen unterhalten, schließen Handelsabkommen in der Erwartung, das andere werde folgen) – die Umkehrung des alten Satzes ist zugleich Ausdruck der völligen Entwertung des Symbols »Flagge«, das nur noch zuletzt die Realitäten zu schmücken vermag. Wenn gesagt wurde, die Geltung von Substitutionen beruhe auf »Konvention«, so ist das ebenso richtig wie tautologisch. Die Konvention ist ein Resultat – wie kommt es zustande? Zweifellos durch Angebot und Werbung. Das gilt sogar für den abstraktesten Fall aus der Wissenschaftsgeschichte, die Durchsetzung formallogischer Symbolsysteme; die Werbungsrhetorik geht ins Detail oder besteht darin, von ungeliebten Nationsformen öffentlich vorzugeben, man werde sie nie begreifen. Je weniger politische Realitäten außerhalb der wirtschaftlichen Sphäre noch »geschaffen« werden können, um so wichtiger werden »Anerkennungen«, Benennungsfragen, Verträge, in denen auf das ohnehin nicht Mögliche verzichtet, Prozeduren, in denen das ohnehin schon Feststehende hart umkämpft wird. Sobald es das nicht mehr gibt, was einmal als »real« galt, werden die Substitutionen selbst »das Reale«. In der Ästhetik ist mit der Preisgabe aller Arten und Grade von Gegenständlichkeit das Angebot, etwas als Kunstwerk zu akzeptieren oder auch nur als das, was nach dem Ende aller Kunst »fällig« ist, nur noch mit einem großen Aufwand an Rhetorik durchzusetzen. Es ist nicht primär die Kommentarbedürftigkeit eines Werkes, die sich in begleitenden und nachkommenden Texten geltend macht, sondern seine Deklaration zum Kunst- oder Kunstnachfolgewerk; insofern ist der Verriß eines kompetenten Kritikers immer noch Akzeptation in einen Zusammenhang einer Geschichte, in der immer wieder Kunst gegen Kunst – mit dem rhetorischen Gestus, dem Gewesenen ein Ende und dem Kommenden einen Anfang zu setzen – produziert worden ist. Auch die Verleugnung der Rhetorik ist dabei noch rhetorisch; noch der Fußtritt, der dem konventionell um »Verstehen« bemühten Zuschauer verpaßt wird, demonstriert ihm, daß zu Recht besteht, was er nicht versteht, und zwar an der »Stelle« dessen, was einmal zu verstehen war oder von der einschlägigen Instanz jetzt verstanden wird. Die »Umbesetzungen«, aus denen Geschichte besteht, werden rhetorisch vollzogen.

Rhetorik hat auch mit der Temporalstruktur von Handlungen zu tun. Beschleunigung und Verzögerung sind Momente an geschichtlichen Prozessen, denen bisher zu wenig Beachtung zuteil wurde. »Geschichte« besteht nicht nur aus Ereignissen und ihrer (wie immer gedeuteten) Verknüpfung, sondern auch aus dem, was man den zeitlichen »Aggregatzustand« nennen könnte. Was in unserer Tradition als Rationalität bezeichnet worden ist, kam fast immer dem Moment der Beschleunigung, der Verdichtung der Prozesse zugute. Selbst dialektische Theorien der Geschichte akzentuieren die Faktoren der Beschleunigung, weil sie den Prozeß an den kritischen Punkt des Umschlags treiben und damit dem Endzustand erkennbar, also die behauptete Gesetzlichkeit bestätigend, näherbringen. Das vielschichtige Phänomen der Technisierung läßt sich reduzieren auf die Intention des Zeitgewinns. Rhetorik hingegen ist hinsichtlich der Temporalstruktur von Handlungen ein Inbegriff der Verzögerung. Umständlichkeit, prozedurale Phantasie, Ritualisierung implizieren den Zweifel daran, daß die kürzeste Verbindung zweier Punkte auch der humane Weg zwischen ihnen sei. Ästhetisch, etwa musikalisch, ist uns dieser Sachverhalt ganz vertraut. Überforderungen gehen in der modernen Welt nicht nur von der Kompliziertheit der Sachverhalte aus, sondern auch von der zunehmenden Divergenz der beiden Sphären der Sacherfordernisse und der Entscheidungen hinsichtlich ihrer Zeitstruktur. Es ist ein Mißverhältnis entstanden zwischen der Beschleunigung von Prozessen und den Möglichkeiten, sie im Griff zu behalten, mit Entscheidungen in sie einzugreifen und sie mit anderen Prozessen durch Übersicht zu koordinieren. Gewisse Hilfsfunktionen, die technische Einrichtungen für menschliches Handeln ausüben können, haben einen assimilierenden Effekt: wo alle Daten schnell verfügbar sind, scheint der schnelle Entschluß eine sachgemäße Auszeichnung zu haben. Der Wunsch, Entwicklungen in der Hand zu behalten und wieder in die Hand zu bekommen, beherrscht die Erwägungen zur Kritik des Fortschritts, sofern sie nicht reine Romantik sind. Operationsanalysen liefern optimale Problemlösungen, aber sie beheben nie den Zweifel mit, ob das Problem richtig gestellt war – und dieser Zweifel charakterisiert das Handeln schon als das, was seiner Theorie vorausgeht, und was aus ihr nicht als bloßes Resultat folgt. Man erkennt deutlich die stärkere Ausprägung von Verzögerungsmomenten im öffentlichen Handeln. Nicht zufällig konnte ein so abgelebtes Wort wie »Reflexion« erneut zum Schlagwort werden. Es liegt ein Bedürfnis nach institutionalisiertem Atemholen vor, das auch entscheidungsfähige Mehrheiten auf lange rhetorische Umwege schickt. Es soll sichtbar werden, daß man nicht »getrieben« wird (wovon auch immer) und nicht das längst Entschiedene bloß noch zu sanktionieren gedenkt. Die Beschleunigung der Prozesse ist ja nur eine Variante jener »Reizüberflutung«, der das biologisch verarmte Wesen Mensch konstitutiv ausgesetzt ist und der es mit der Institutionalisierung seines Verhaltens begegnet. Verbale Institutionen sind dabei keineswegs eine Schwundstufe massiverer Regulationen; ihre Mächtigkeit muß an dem Ideal dezisionistischer Theorien gemessen werden, das in der Punktualität besteht.

Es gibt so etwas wie eine Zweckmäßigkeit des Unzweckmäßigen. Wir beobachten heute einen rasanten Abbau »überholter« Formen durch kritische Verfahren, in denen alles Bestehende die Beweislast seiner Existenzberechtigung trägt; aber zugleich sehen wir eine üppige Phantasie in der Neugestaltung umständlicher Prozeduren am Werk, die sich nur durch nüchternere Benennungen wie Geschäftsordnungen, Kontrollorgane, Funktionssysteme auszeichnen. Jeder Zeitgewinn wird allemal sogleich verbraucht.

Wir müssen den Gedanken an einen Bildungstypus zunehmend preisgeben, der von der Norm beherrscht wird, der Mensch müsse jederzeit wissen, was er tut. Ein Arzt sollte nicht nur die Funktionsbedingungen der Organe kennen, deren Versagen die Krankheiten ausmacht, und dazu die Wirkungsweise der Therapien und Pharmaka, die er verordnet, sondern noch die Herkunft der Fremdwörter, die er zur Bezeichnung von all diesem ständig benutzt und deren Gebrauch ihm Zunftweihe gibt. Ein Kapitän sollte nicht nur den Sextanten und die zugehörigen Formeln der Trigonometrie anwenden können, sondern müßte auch wissen, wie das Instrument funktioniert und wie die Formeln abgeleitet werden können, so daß er ein potentieller Robinson wäre, der ex nihilo anfangen könnte, wenn die vorfabrizierten Hilfsmittel verlorengegangen wären. Dagegen gewinnt seit langem der Gedanke an Boden, die technische Welt brauche trainierte, sachgemäß reagierende, aber nicht ihre Funktionszusammenhänge allseitig durchschauende Funktionäre. Immer weniger Leute werden wissen, *was* sie tun, indem sie lernen, *weshalb* sie so tun. Die Handlung verkümmert zur Reaktion, je direkter der Weg von der Theorie zur Praxis ist, der gesucht wird. Der Schrei nach der Eliminierung »unnützen« Lernstoffes ist immer der nach der »Erleichterung« der funktionellen Umsetzungen. Zwar ist die Umständlichkeit des Anspruches zu wissen, was man tut, noch nicht die Garantie einer humanen oder moralischen Einsicht, aber doch als Typus einer verzögerten Reaktion potentiell der eines »bewußten« Handelns. Ich unterstelle, daß »Bildung« – was immer sie sonst noch sein mag – etwas mit dieser Verzögerung der funktionalen Zusammenhänge zwischen Signalen und Reaktionen zu tun hat. Dadurch werden ihre Inhalte, ihre »Werte« und »Güter«, sekundär. Die Diskussion um diese Werte wird meistens mit einer ungeprüften Beweislastverteilung geführt: wer tradierte Bildungsgüter verteidigt, soll beweisen, was sie noch wert sind. Nehmen wir an, daß sie als solche überhaupt nichts wert sind, so wird ihr »rhetorischer« Charakter deutlich: sie sind Figuren, Pflichtübungen, obligatorische Umwege und Umständlichkeiten, Rituale, die die unmittelbare Nutzbarmachung des Menschen erschweren, die Heraufkunft einer Welt der kürzesten Verbindungen zwischen jeweils zwei Punkten blockieren, vielleicht auch nur verlangsamen. Zielt die klassische Rhetorik wesentlich auf das Mandat zum Handeln, so wirbt die moderne Rhetorik für die Verzögerung des Handelns oder zumindest um Verständnis für diese – und das auch und gerade dann, wenn sie Handlungsfähigkeit demonstrieren will, indem sie wiederum symbolische Substitutionen vorweist.

Der Hauptsatz aller Rhetorik ist das Prinzip des unzureichenden Grundes (*principium rationis insufficientis*). Er ist das Korrelat der Anthropologie eines Wesens, dem Wesentliches mangelt. Entspräche die Welt des Menschen dem Optimismus der Metaphysik von LEIBNIZ, der sogar den zureichenden Grund dafür angeben zu können glaubte, daß überhaupt etwas und nicht eher nichts existiert (*cur aliquid potius quam nihil*), so gäbe es keine Rhetorik, denn es bestände weder das Bedürfnis noch die Möglichkeit, durch sie zu wirken. Schon die der Verbreitung nach bedeutendste Rhetorik unserer Geschichte, die des Gebetes, mußte sich entgegen den theologischen Positionen des rationalistischen oder voluntaristischen Gottesbegriffes an einen Gott halten, der sich überreden ließ; für die Anthropologie wiederholt sich dieses Problem: der für sie thematische Mensch ist nicht durch die philosophische Überwindung der »Meinung« durch das »Wissen« charakterisiert.

Aber das Prinzip des unzureichenden Grundes ist nicht zu verwechseln mit einem Postulat des Verzichtes auf Gründe, wie auch »Meinung« nicht das unbegründete, sondern das diffus und methodisch ungeregelt begründete Verhalten bezeichnet. Mit dem Vorwurf der Irrationalität muß man dort zurückhaltend sein, wo unendliche, unbestimmbar umfangreiche Verfahren ausgeschlossen werden müssen; im Begründungsbereich der Lebenspraxis kann das Unzureichende rationaler sein als das Insistieren auf einer »wissenschaftsförmigen« Prozedur, und es *ist* rationaler als die Kaschierung von schon gefallenen Entscheidungen durch wissenschaftstypisierende Begründungen. Die Euphorie hinsichtlich der Beratung öffentlichen Handelns durch Wissenschaft ist zwar etwas abgeklungen, aber die Enttäuschungen an diesem Bündnis beruhen auf der fehlenden Einsicht, daß Gremien von Wissenschaftlern in Ermangelung abschließender Evidenz ihrer Erkenntnisse ihrerseits gar nicht anders verfahren können als die Institutionen, die sie zu beraten haben, nämlich rhetorisch, nämlich auf einen faktischen *consensus* zielend, der nicht der *consensus* ihrer theoretischen Normen sein kann. Wissenschaftliche Norm ist auch die klare Kennzeichnung der Modalität von Sätzen. Apodiktisch, ja schon assertorisch zu behaupten, was nur problematisch behauptet werden kann, verstößt gegen diese Norm. Wer von öffentlichem Handeln betroffen wird oder wer diese zu akzeptieren hat, darf beanspruchen zu erfahren, von welcher Dignität die Voraussetzungen sind, die als Ergebnisse wissenschaftlicher Beratung ausgegeben werden. Rhetorik lehrt, Rhetorik zu erkennen, aber sie lehrt nicht, Rhetorik zu legitimieren.

Es geht nicht nur um das Verhältnis von Wissenschaft und politischen Instanzen, sondern um einen Bereich von Aussagen, die von sehr bedeutender und nicht zu sistierender praktischer Auswirkung sind, aber ihrem theoretischen Status nach vielleicht für immer auf unzureichender Begründung beruhen oder gar erweislich nicht verifizierbar sind. Der positivistische Vorschlag, solche Fragen und Aussagen auszurotten, die keine Anweisung zu ihrer Verifikation enthalten, schließt die Stillegung von Praxis ein, die auf solchen Prämissen beruht, und wird dadurch illusionär. Man kann die Entscheidung solcher Fragen wie dieser, ob der Mensch von Natur gut oder schlecht, durch seine Anlagen oder durch seine Umwelt bestimmt, der Faktor oder das Faktum seiner Geschichte sei, zwar wissenschaftlich, aber nicht praktisch aufschieben oder für sinnlos erklären. So steht jede Art von Pädagogik schon im praktischen Prozeß und kann auf die Zulieferung ihrer theoretischen Voraussetzungen nicht warten; sie wird daher gezwungen, aus dem Angebot theoretischer Verallgemeinerungen der Biologie, Psychologie, Soziologie und anderer Disziplinen Quasiresultate zu akzeptieren. In dieser Grenzzone spielen sich merkwürdige Vorgänge vom Typus der rhetorischen ab, bei denen Rationalität und Realismus zu divergieren scheinen; denn hier gibt es nicht nur den Handlungszwang als solchen, sondern eine Nötigung zur Axiomatisierung von Voraussetzungen, ohne die eine auf Handlungszwänge bezogene Theorie lahmgelegt und zur Sterilität verurteilt wäre. Dennoch meine ich, daß diese Entscheidungen nichts mit dem Zynismus eines *liberum arbitrium indifferentiae* und schon gar nichts mit existentialistischer Selbstsetzung zu tun haben.

Im Geltungsbereich des Prinzips vom unzureichenden Grunde gibt es rationale Entscheidungsregeln, die nicht wissenschaftsförmig sind. PASCAL hat in seinem *Argument du pari* ein Modell dafür gegeben, das uns nur deshalb nicht mehr einleuchtet, weil es die Chance eines transzendenten unendlichen Gewinns mit dem Risiko eines endlichen Einsatzes vergleicht, das aber darin gültig bleibt, der Mensch müsse auf die seiner Selbstbehauptung und Selbstentfaltung günstige Chance einer theoretischen Alternative den ganzen Einsatz seiner Praxis bei jedem Risiko des Irrtums setzen. Kein theoretischer Zweifel an der Geltung des Kausalitätsprinzips oder seiner evidenten Begründbarkeit kann irgend etwas daran ändern, daß wir auf dessen uneingeschränkte Geltung in unserem Verhalten setzen. Eine der folgenreichsten Aussagen aus dem Bereich verschiedener Wissenschaften wäre die Beantwortung der Frage, in welchem Maße die Verhaltensweisen des Menschen durch endogene oder exogene Determinanten bestimmt und daher beeinflußbar sind. Mag man auch diese komplexe Frage für wissenschaftlich noch weitgehend unentschieden ansehen, so ist doch leicht erkennbar, daß wissenschaftstheoretische Überlegungen einen endogenen Determinismus begünstigen, wie sie ganz unabhängig von empirischen Befunden in der Evolutionstheorie eine Bevorzugung des Darwinismus vor den Spielarten des Lamarckismus implizieren. Die auf spezifisch wenige, methodisch sauber isolierbare und darstellbare Faktoren beschränkte Theorie hat größere Chancen, »Paradigma« im Sinne Thomas S. Kuhns zu werden, als diejenige, die ein weniger gut präparierbares Faktorenfeld von diffuser Verteilung anzubieten hat. Die wissenschaftliche Annäherung an ein Resultat vom Typus der darwinistischen Theorien erscheint mir als unausweichlich und theoretisch fundiert.

Diese Entwicklung müßte weittragende Folgen auf vielen Gebieten des öffentlichen und privaten Lebens haben: für Erziehung und Rechtsprechung, für die soziale Prophylaxe und den Strafvollzug, sogar für den alltäglichen Umgang der Menschen miteinander. Tatsächlich aber scheint sich der Vorzug praktischer Axiome nicht nach der wissenschaftlichen Dominanz zu richten. Das ist ein Sachverhalt, den KANT entdeckt hat, als er in der Lehre von den »Postulaten« seiner *Kritik der Praktischen Vernunft* die Unabhängigkeit moralischer Setzungen von theoretischen Beweisen annahm. Für Kant sind es die klassischen Hauptsätze aller Metaphysik – Freiheit des Menschen, Existenz Gottes, Unsterblichkeit –, die in der Gestalt des Postulates dem praktischen Gesetz »unzertrennlich anhängen«. Die Logik dieser Unzertrennlichkeit wird deutlicher, wenn man sieht, daß nur der, der das Gesetz mißachtet, ein Interesse daran hat, sich auf seine Unfreiheit und auf die Vergeblichkeit gesetzlichen Verhaltens im Hinblick auf Wohlstand zu berufen. Wir würden die Postulate, aller Metaphysik entzogen, zur Rhetorik der Moral schlagen: sie sind der Inbegriff dessen, was den *consensus* praktischer Axiome durch Überredung und Selbstüberredung ausmacht, was den öffentlichen und privaten Anstrengungen Zustimmung verschafft und Sinn gibt, die Bedingungen für delikt- und konfliktfreies Leben zu verbessern und Vertrauen in die Heranführung zurückgebliebener oder fehlgeleiteter Lebensläufe zu setzen. Wir tun so, »als ob« wir wüßten, daß Anstrengungen und Aufwand dieser Art zugunsten des Menschen nicht vergeblich sind und durch Wissenschaft nicht in Frage gestellt werden. Die Praxis axiomatisiert als »Postulat«, was die größeren humanen Chancen wahrzunehmen motiviert. Rhetorik ist hier auch die Kunst, zur Nichtbeachtung dessen zu überreden, was der Wette auf diese Chancen entgegensteht. Die deprimierenden Resultate der genetischen Zwillingsforschung haben die Anhänger der Milieutheorien nicht entmutigen können – und mit Recht. Der Unsicherheitsbereich wissenschaftlicher Aussagen mag noch so schmal werden, er wird nie ganz verschwinden, und auf ihn wird gesetzt werden, wo Theorie der Praxis unzumutbar und unerträglich erscheint. Das praktische Postulat steht seit Kant gegen den überwältigenden Determinismus der Welt möglicher wissenschaftlicher Objekte.

Rhetorik hat es nicht mit Fakten zu tun, sondern mit Erwartungen. Das, was sie in ihrer ganzen Tradition »glaubwürdig« und »dem Wahren ähnlich« genannt hat, muß in seiner praktischen Valenz deutlich unterschieden werden von dem, was theoretisch »wahrscheinlich« heißen darf.[5] Daß der Mensch die Geschichte »macht«, ist eine Chance, auf die die Neuzeit nach geschichtsphilosophischen Umwegen gesetzt hat. Was dieser Satz bedeutet, kann nur verstanden werden, wenn man die »Umbesetzung« wahrnimmt, die mit ihm vollzogen wird. Ich habe diesen Begriff in meiner *Legitimität der Neuzeit* (1966) eingeführt und erläutert, aber noch nicht gesehen, daß er einen theoretischen Vorgang impliziert. Denn, wer das handelnde Subjekt der Geschichte ist, wird nicht entdeckt oder bewiesen; das Subjekt der Geschichte wird »ernannt«. Im System der Wirklichkeitserklärung unserer Tradition gibt es eine »Stelle« für dieses Geschichtssubjekt, auf die Vakanz und Besetzung sich beziehen. Durchsetzung und Bestätigung der Umbesetzung sind rhetorische Akte; »Geschichtsphilosophie« thematisiert nur die Struktur dieses Vorganges, sie trägt ihn nicht. Nicht zufällig hat der Akt, durch den das Subjekt der Geschichte bestimmt und legitimiert wird, den Namen einer fundierenden rhetorischen Figur getragen als *translatio imperii.* »Übertragungen«, metaphorische Funktionen spielen hier immer wieder eine wesentliche Rolle. Alexander ergreift seine historische Konzeption in der Umkehrung des Xerxeszuges über den Hellespont. Der Gott des Alten Testaments überträgt seine Geschichtshoheit durch Vertrag. Die Bürger des Konvents der Französischen Revolution nehmen die Metaphorik der römischen Republik beim Wort, mit Kostüm und Phrase. »Die Menschen machen ihre eigene Geschichte, aber sie machen sie nicht aus freien Stücken, nicht unter selbstgewählten, sondern unter unmittelbar vorgefundenen, gegebenen und überlieferten Umständen«, schreibt MARX im *18. Brumaire.*[6] Je tiefer die

Krise der Legitimität reicht, um so ausgeprägter wird der Griff nach der rhetorischen Metapher – nicht die Trägheit macht die Tradition, sondern die Verlegenheit, der Designation als Geschichtssubjekt zu genügen. Man begnügt sich daher leichter mit Partizipation an der Rolle des Geschichtssubjekts: man *ist* es nicht, aber man *gehört dazu*, müßte dazu gehören, wenn es eben nur mit rechten Dingen zuginge. Rhetorisch liegen Zurechnungen wie Ausreden immer gleichermaßen bereit.

Die Rhetorik wird hier nicht gefeiert als ein kreatives Talent des Menschen. Ihre anthropologische Beleuchtung ist nicht der Nachweis einer »metaphysischen« Auszeichnung. Als Verhaltensmerkmal eines Wesens, das *trotzdem* lebt, ist sie im Sinne des Wortes ein »Armutszeugnis«. Ich würde mich scheuen, sie eine »List der Vernunft« zu nennen; nicht nur, weil sie da in eine noch zweifelhaftere Gesellschaft kommt, sondern weil ich daran festhalten möchte, in ihr eine Gestalt von Vernünftigkeit selbst zu sehen, das vernünftige Arrangement mit der Vorläufigkeit der Vernunft. Es mag sein, daß die theoretische Vorläufigkeit, die sie wahrnimmt und nutzt, nur die Gnadenfrist für sie selbst ist, wenn nicht zutrifft, daß es theoretische Unwiderruflichkeit nicht gibt. Gegen alle Rhetorik, die nicht »der klare und elegante Ausdruck der Gedanken und Begriffe« ist, empfahl HOBBES den Gebrauch der »richtigen Vernunft«. Dieser Ausdruck ähnelt dem gegenwärtig umlaufenden der »kritischen Vernunft«. Schön gesagt, aber wer sonst könnte beurteilen, ob es sich jeweils um die »richtige« Vernunft handelt, als wiederum die Vernunft, und zwar die »richtige«? Für Hobbes ist es einer der gewichtigsten Einwände gegen die Demokratie, daß sie nicht ohne Rhetorik auskommen kann und folglich zu Entscheidungen mehr *impetu animi* als *recta ratione*, gelangt, denn ihre Redner richten sich nicht nach der »Natur der Dinge«, sondern nach den Leidenschaften ihrer Zuhörer. »Dies ist nicht der Fehler der Menschen, sondern der Beredsamkeit, deren Zweck, wie alle Lehrer der Beredsamkeit es lehren, nicht die Wahrheit (ausgenommen zufällig), sondern der Sieg ist, und deren Aufgabe nicht die Belehrung, sondern die Überredung ist.«[7] Ein merkwürdiger Satz, der die Menschen ausdrücklich von den Wirkungen eines Instrumentes freispricht, das sie nur eben dieser Wirkungen wegen erfunden haben und gebrauchen. Ein merkwürdiger Satz erst recht dann, wenn man ihn konfrontiert mit dem Typus von Rationalität, den Hobbes' Theorie des Staates repräsentiert: die Selbsterhaltung als rationale Motivation des Unterwerfungsvertrages riskiert mit dem unbestimmten und unbestimmbaren Willen des absoluten Herrschers jeden *impetus animi*, den Hobbes als Korrelat der Rhetorik diskriminiert.

Hobbes' Pathologie der Rhetorik führt die Erregung der Leidenschaften auf den »metaphorischen Gebrauch der Worte« zurück. Auch für ihn ist Metaphorik das signifikante Element der Rhetorik; er meint, sie sei »den Leidenschaften angepaßt« und damit »weit entfernt von der wahren Erkenntnis der Dinge.«[8] Worauf beruht dieser Zusammenhang von Metaphorik und Leidenschaft, den Hobbes hier als selbstverständlich unterstellt? Für ihn ist die Metapher der Gegensatz zum Begriff; indem sie das Instrumentarium der Vernunft ausschaltet, gibt sie das Feld frei für alles, was der Tradition nach von der Vernunft gezügelt und kontrolliert wird, was sich gern vor der Anstrengung des Begriffs in die Bequemlichkeit der bildhaften Orientierung flüchtet. Hobbes läßt an dieser Stelle eine Beredsamkeit (*eloquentia*) gelten, die sich der Metapher enthält und »aus der Betrachtung der Dinge selbst« hervorgeht, die nur in der Eleganz der Darstellung von Erkenntnissen besteht. Der »Natur der Dinge« als einem möglichen Besitz konfrontiert, erscheint die Rhetorik wirklich als ein exzentrisches Kunstmittel. Betrachtet man freilich Hobbes' Theorie des Begriffs, so ist man verwundert, daß seine Ablehnung der Metapher darauf beruht, dem menschlichen Verstand mehr zuzutrauen, als er ihm in der Theorie des Begriffs zuzugestehen vermag. Denn auch der Begriff ist nur ein Kunstmittel, das mit jener »Natur der Dinge« nichts gemein hat. Es geschieht hier nicht beiläufig, daß auf diese Unstimmigkeit in der Kritik der Metapher als dem wesentlichen Element der Rhetorik der Finger gelegt wird. Sie legt die Vermutung nahe, die Kritik der Metapher unter Berufung auf ihre Affinität zu den Leidenschaften beruhe im Grunde auf dem Widerspruch der Idee des absoluten Staates zu einer Rhetorik, die er als »notwendige Eigenschaft des zu Unruhen geborenen Menschen« beschreibt. Nun ist in der Tat die Metapher nicht nur ein Surrogat des fehlenden, prinzipiell aber immer möglichen und deshalb einzufordernden Begriffs, sondern ein projektives Element, das sowohl erweitert als auch den leeren Raum besetzt, ein imaginatives Verfahren, das sich im Gleichnis seine eigene Konsistenz schafft. Der rational aus dem Prinzip der Selbsterhaltung deduzierte absolute Staat kommt, wie AHLRICH MEYER erst kürzlich gezeigt hat,[9] in die Zange der Metaphorik des Organischen einerseits, des Mechanismus andererseits. Solche Leitmetaphorik hat ihre eigene Überzeugungskraft, die gerade aus den möglichen Erweiterungen des metaphorischen Kerns auf diesen zurückwirkt: die Möglichkeit einer organischen Geschichtsphilosophie verstärkt zum Beispiel den organischen Staatstypus; Hobbes selbst hat den Widerspruch seiner organischen Metaphorik für die »Staatsperson« zur Künstlichkeit ihres Ursprunges übersehen – und gerade das ist aufschlußreich, denn das Verdikt der Metapher erschwert die Wahrnehmung ihrer faktischen Hintergrundfunktion. Noch das Verbot der Rhetorik ist ein rhetorischer Vorgang, den dann nur die anderen als solchen wahrnehmen. Das Beispiel Hobbes zeigt, daß Antirhetorik in der Neuzeit zu einem der wichtigsten rhetorischen Kunstmittel geworden ist, für sich die Härte des Realismus in Anspruch zu nehmen, die dem Ernst der Lage des Menschen – hier in seinem »Naturzustand« – allein gewachsen zu sein verspricht.

Rhetorik ist deshalb eine »Kunst«, weil sie ein Inbegriff von Schwierigkeiten mit der Wirklichkeit ist und Wirklichkeit in unserer Tradition primär als »Natur« vorverstanden war. In einer hochgradig artifiziellen Umweltwirklichkeit ist von Rhetorik so wenig wahrzunehmen, weil sie schon allgegenwärtig ist. Die klassische antirhetorische Figur *›res, non verba!‹* verweist dann auf Sachverhalte, die ihrerseits nichts mehr von der Sanktion des Natürlichen besitzen, sondern bereits rhetorische Tinktur tragen. Das macht andererseits die betonte Empfehlung oder Präsentation rhetorischer Stilmittel leicht ein wenig (oder mehr) lächerlich. Man schreibt sich das dann als gesteigerten Realismus zu. Die modernen Schwierigkeiten der Rhetorik mit der Wirklichkeit bestehen zum guten Teil darin, daß diese Wirklichkeit keinen Appellationswert mehr hat, weil sie ihrerseits Resultat künstlicher Prozesse ist. So begibt man sich in die spezifisch rhetorische Situation, sich einen Mahnruf deshalb zu sichern, um ihn nicht den anderen zu überlassen: ›ad res‹, ›zur Sache und zu den Sachen!‹ Es ist Rhetorik, anderen die Voraussetzung zu suggerieren, es sei nötig, wieder oder überhaupt erst zu denken und zu handeln. Wenn die Wirklichkeit »realistisch« zu sehen und zu handhaben wäre, wäre sie schon immer so gesehen und gehandhabt worden. Die Attitüde des *retour au réel* muß sich daher viel mehr als mit der Realität, die sie verspricht, mit der Erklärung der Illusionen, Blendwerke, Verführungen abgeben, die dabei zu erledigen sind. Jede Rhetorik des Realismus braucht die Verschwörungen, die ihn bisher verhindert haben. Platos Höhlengleichnis, in dem die Gefangenen vor den Schattenspielen ihrer Höhlenwand das wahre Wirkliche niemals erfahren, wenn sie nicht gewaltsam herausgerissen werden, ist das Modell solcher Entlarvungen: es ist gegen die Rhetorik gerichtet, denn die Machinatoren der Schattenwelt sind die Sophisten als »Bildermacher«, und es ist selbst Rhetorik, indem es auf einer elementaren Metapher des Ans-Licht-kommens beruht und sie zum Gleichnis für eine absolute Realität erweitert, deren Evidenzverheißung nicht eingelöst werden kann. Die philosophische Wendung von den Schatten zur Wirklichkeit ist von der Rhetorik – und ihr folgend von der Ästhetik – usurpiert worden. JEAN PAUL hat sie in der *Unsichtbaren Loge* in zwei Sätzen ironisch reflektiert: »Ach, wir sind nur zitternde Schatten! Und doch will ein Schatten den anderen zerreißen?«

KANT hat in der Kritik der *Urteilskraft die Rhetorik*, »als Kunst sich der Schwächen der Menschen zu seinen Absichten zu bedienen«, für »gar keiner Achtung würdig« erklärt.[10] Diese »hinterlistige Kunst« habe es damit zu tun, »die Menschen als Maschinen in wichtigen Dingen zu einem Urteile zu bewegen«. Nun ist hier gar nicht strittig, daß die konstitutive Angewiesenheit des Menschen auf rhetorische Handlungen immer auch eine Anfälligkeit für Rhetorik ist; zur Maschine zu werden, gibt es für ihn Gefahren und Pressionen genug. Die Absichten, diese *Schwächen der Menschen* zu benutzen, hat die Theorie der Rhetorik immer zugleich bloßgelegt, indem sie ihnen diente. In einer anthropologischen Lokalisierung der Rhetorik ist von diesen Schwächen, nicht von jenen Absichten die Rede. Dabei konvergieren die anthropologischen Zugänge zur Rhetorik auf eine zentrale deskriptive Feststellung: der Mensch hat zu sich selbst kein unmittelbares, kein rein »innerliches« Verhältnis. Sein Selbstverständnis hat die Struktur der »Selbstäußerlichkeit«. Kant hat als erster der inneren Erfahrung jeden Vorgang vor der äußeren abgesprochen; wir sind uns selbst Erscheinung, sekundäre Synthesis einer primären Mannigfaltigkeit, nicht umgekehrt. Der Substantialismus der Identität ist zerstört; Identität muß realisiert werden, wird zu einer Art Leistung, und dem entspricht eine Pathologie der Identität.

Die Anthropologie hat nur noch eine »menschliche Natur« zum Thema, die niemals »Natur« gewesen ist und nie sein wird. Daß sie in metaphorischen Verkleidungen auftritt – als Tier und als Maschine, als Sedimentenschichtung und als Bewußtseinsstrom, in Differenz oder in Konkurrenz zu einem Gott –, berechtigt nicht zu der Erwartung, sie werde am Ende aller Konfessionen und aller Moralistik enthüllt vor uns liegen. Der Mensch begreift sich nur über das, was er nicht ist, hinweg. Nicht erst seine Situation, sondern schon seine Konstitution ist potentiell metaphorisch. Der schlechteste Platz, den wir wählen könnten, sei der in uns selbst, formuliert MONTAIGNE das Ergebnis seiner Anthropologie als Selbsterfahrung (»la pire place, que nous puissions prendre, c'est en nous«).[11] Er verweist auf den kopernikanischen Umsturz, der als Trauma der Weltinnerlichkeit des Menschen metaphorisch die Skepsis an seiner Selbstinnerlichkeit bestärkt. Selbstüberredung liegt aller Rhetorik im Außenverhältnis zugrunde; sie ergreift nicht nur die sehr allgemeinen praktisch effizienten Sätze, von denen früher die Rede war, sondern das Selbstverständnis aus der Selbstäußerlichkeit. Die kühnste Metapher, die die größte Spannung zu umfassen suchte, hat daher vielleicht am meisten für die Selbstkonzeption des Menschen geleistet: indem er den Gott als das Ganz-Andere von sich absolut hinwegzudenken versuchte, begann er unaufhaltsam den schwierigsten rhetorischen Akt, nämlich den, sich mit diesem Gott zu vergleichen.

Anmerkungen

1 Friedrich Nietzsche, *Gesammelte Werke*, Musarion-Ausg., hrsg. von Richard Oehler, Max Oehler und Friedrich Christian Würzbach, Bd. 6, München 1921, S. 105
2 Aristoteles, *Metaphysik* 1172 b 36 f.
3 Vgl. Thomas S. Kuhn, *The Structure of Scientific Revolutions*, Chi-

cago 1962, dt.: *Die Struktur wissenschaftlicher Revolutionen*, Frankfurt a. M. 1967.

4 Friedrich Nietzsche, »Cicerofragment«, in: F. N., *Gesammelte Werke*, Bd. 7, 1923, S. 385.

5 Vgl. dazu Hans Blumenberg, *Paradigmen zu einer Metaphorologie*, Bonn 1960, S. 88–105.

6 Karl Marx / Friedrich Engels, *Werke*, Bd. 8, Berlin 1960, S. 115.

7 Thomas Hobbes, *De Cive* X,11.

8 Ebd. X,12.

9 Ahlrich Meyer, »Mechanische und organische Metaphysik politischer Philosophie«, in: *Archiv für Begriffsgeschichte* 13 (1969) S. 128–199.

10 Immanuel Kant, *Kritik der Urteilskraft*, § 53.

11 Michel Montaigne, *Essais* II,12.

Sprachsituation und immanente Poetik

> Superstitions littéraires ... J'appelle ainsi toutes croyances qui ont de commun l'oubli de la condition verbale de la littérature.
>
> *Paul Valéry*

»Semper mens est potentior quam sint verba« (MATTESILANO). Dieser Grundsatz einer extensiven Gesetzesinterpretation könnte auch als die Möglichkeitsbedingung jeder Hermeneutik angegeben werden. Die Feststellung, daß das Denken reicher an Möglichkeiten als die Sprache sei, schützt den juristischen Exegeten vor dem Vorwurf der Analogie, indem sie den Identitätsrahmen der Vorschrift »Eadem ratio, eadem lex« weit offen hält. Für einen weiter gefaßten Begriff von Hermeneutik läßt die Behauptung des wesentlichen Überschusses des Denkens über die Sprache hinaus die Möglichkeit, trotz der historischen Trägheit der Ausdrucksmittel an die Lebendigkeit der geschichtlichen Prozesse zumindest zu glauben, wenn nicht an sie heranzukommen. Die Grunderfahrung der »Armut der Sprache« verlangt ihre Auslegung. Cicero empfand die *egestas verborum* seiner philosophisch indisponierten Sprache gegenüber der griechischen und formulierte dabei wohl überhaupt zuerst, daß zumindest nicht jede Sprache gleicherweise das aufzufangen vermag, was das Denken zu leisten imstande ist – aber ließ sich das nicht sehr leicht auf die Situation der Sprache gegenüber dem Denken überhaupt anwenden? Die Mystiker aller Epochen haben verzweifelt unter der Knappheit der sprachlichen Mittel im Verhältnis zu dem gelitten, was sie zu sehen glaubten. Aber auch die entstehende historische Erfahrung wurde der Armut der Sprache gewahr, ihres Versagens in der Erfassung jener sich bietenden oder geforderten *Totaleindrücke*, an die die Sprache allenfalls nur *Tangenten* anlegen könne (JUSTUS MÖSER). In der Rhetorik und Poetik ist das Zurückbleiben der Sprache hinter der Empfindung seit je stehender Topos gewesen, ebenso oft gebraucht, wie kaum je geglaubt. Hermeneutik geht von dieser Grunderfahrung aus und sucht die in ihr bemerkbar gewordene Differenz zu überwinden, »sich zu dem Verfasser hinaus [zu] empfinden« und das Bezugsnetz aufzudecken, in dem der sprachlich faßbare Gedanke mit anderen Gedanken, Prämissen und Konsequenzen steht, die unmöglich sämtlich in den sprachlichen Ausdruck mit eingehen können, sich aus ihm aber zum Teil erschließen lassen.

Diese Konzeption von »Sprache« mit ihrer implizierten Inkongruenz von Denken und Sprechen – wobei jedoch immer das Denken mächtiger ist als das Sagen – findet ihren dezidierten Widerspruch in der Idee einer exakten Sprache, deren Kriterien in den spätestens von DESCARTES kanonisierten Vorschriften der Klarheit und Deutlichkeit angegeben worden sind und deren Teleologie restloser Vergegenständlichung in der Phänomenologie neu und entschieden aufgelebt ist. Nach diesem phänomenologischen Sprachglauben läßt sich die »Universalität der Deckung von Sprache und Denken«[1] festhalten, und der »getreue Ausdruck klarer Gegebenheiten« erfordert nicht einmal eine Kunst- oder Formelsprache. Es gibt einen Übergang aus der Gemeinsprache in die phänomenologische Sprache: »Die benutzten Worte mögen aus der allgemeinen Sprache stammen, vieldeutig, ihrem wechselnden Sinne nach vage sein«, aber sie können mit »deutlichen und einzigen Bedeutungen ausgestattet werden«.[2]

Aber diesen beiden eben skizzierten Begriffen von »Sprache« läßt sich ein dritter hinzufügen, der den eingangs zitierten juristischen Interpretationsgrundsatz geradezu umkehrt und nach dem die Sprache mächtiger wäre als das Denken. In der modernen Sprachphilosophie scheint die Klage über das

Ungenügen des Wortes gegenüber dem Anspruch des Denkens zurückgetreten zu sein gegenüber der gegenteiligen Feststellung, daß der Gedanke dem Vorgriff der Sprache nur zu folgen vermag und daß er dies in ständiger Unangemessenheit gegenüber einer nicht auslotbaren Sinntiefe tut.[3] Die Sprache erscheint als das schlechthin unüberschreitbare Hintergrundphänomen, ihre Grammatik im weitesten Sinne als die ebenso unmerkliche wie tyrannische Kanalisierung aller Prozesse, in denen wir uns mit der Wirklichkeit auseinandersetzen, während wir gleichzeitig die Illusion haben, daß wir über ein plastisches Medium wenn nicht vollkommener so doch ständig sich vervollkommnender Anmessung an das Gegebene verfügen. BENJAMIN LEE WHORF hat von einem *linguistischen Relativitätsprinzip* gesprochen und die Grundleistung einer Sprache in der Ermöglichung bestimmter faktischer Begriffssysteme gesehen, denen andere gleichberechtigt, wenn auch nicht immer mit vergleichbarer Leistungsfähigkeit, an die Seite gestellt werden können. Folgerung: »›Reden‹ sollte ein edleres, würdigeres Wort sein als ›denken‹.«[4] Wenn aber die Sprache in dieser Weise den Spielraum der Möglichkeiten und Unmöglichkeiten des Denkens präformiert, dann muß sich die kritische Aufgabe der Philosophie darauf richten, den Überschuß der Sprache über das reelle, verifizierbare, zu rechtfertigende Denken methodisch aufzudecken und abzubauen, also jene Sprachanalyse und Sprachkritik zu betreiben, die weithin das Gesicht der Gegenwartsphilosophie prägt.

Diese drei Grundvorstellungen von dem Verhältnis zwischen Sprache und Denken sollen uns dazu dienen, eine gewisse Orientierung für die Funktionsbestimmung der poetischen Sprache zu gewinnen. Eine immanente Poetik wird ja notwendig darauf angewiesen sein, die Sprache eines Werkes auf ihre Funktion hin zu untersuchen. Die Explikation der immanenten Poetik eines Werkes wird also davon abhängen, die

»richtigen« Fragen hinsichtlich der Sprache dieses Werkes zu stellen. Fingerzeige kann natürlich auch die exogene Poetik des Autors geben, seine Selbstbezeugung und Selbstbeobachtung, sofern sie dies wirklich ist und nicht nur »Ableger« einer normativen Kunsttheorie. Diese methodische Vorfrage verdient, nicht übergangen zu werden. Schon die Klassifizierung eines Textes durch seinen Autor als »Selbstbeobachtung« beim Vorgang der poetischen Produktion ist Ausdruck einer bestimmten ästhetischen Position, einer Position, die unter anderem zuläßt, daß Erfahrung relevante Aufschlüsse über den Prozeß der Entstehung eines Werkes liefert, und die nicht schon vorentschieden weiß, daß dies alles in einer bestimmten, jedenfalls empirisch gar nicht zugänglichen Weise vor sich geht. Wer vom Blitz getroffen wird – und sei es auch nur der Blitz der Inspiration –, kann darüber nicht auch noch Protokoll führen bzw. glaubt ganz sicher, es nicht zu können, ohne seiner eigenen Präsumtion widersprechen zu müssen. Die Mitteilung von Selbstbeobachtungen setzt mithin voraus, daß überhaupt die Beobachterstellung gleichzeitig mit der Produktionsstellung eingenommen werden kann, eine Voraussetzung ästhetischer Versachlichung, die mit der Annahme inspirierender Faktoren – von der Muse bis zum Narkotikum – nicht vereinbar ist. Das bloße Vorhandensein von Texten, die ihr Autor als Selbstbeobachtung klassifiziert wissen möchte, unabhängig von der Frage ihrer Glaubwürdigkeit und Genauigkeit, ist also schon ein Faktum immanenter Poetik, bezogen auf ein Gesamtwerk. Das schließt aber natürlich gar nicht aus, daß auch die selbstbeobachtenden, der Empirie sich fähig glaubenden Autoren ihre exogene Poetik haben, und es ist nicht unwichtig, ihre poetischen Werke und ihre poetischen Texte auf Inkonsistenzen zwischen normativen und effektiven Elementen abzusuchen. Die Frage nach der Korrekturfähigkeit eines Textes – ganz unabhängig zunächst davon, ob diese Frage anhand des handschriftlichen Materials oder gar der Druckgeschichte eines Werkes historisch geklärt werden kann – ist ein Leitfaden zu einer immanenten Poetik, die sich unter Umständen scharf abheben kann von der Position, die derselbe Autor in seiner exogenen Poetik hinsichtlich der Alternative von Inspiration und Anstrengung – also hinsichtlich dessen, was ich die metaphysische Poetik nennen möchte – bezogen hat.

Zu den primären und mit einiger Deutlichkeit zu erbringenden Beobachtungen (auch Selbstbeobachtungen) gehört, was unter die Frage fällt, wie »sich die Sprache spricht«. Unterscheidungen wie die des stark assoziativ oder des konstruktiv bestimmten Sprachtypus gehören hierher. Aber auch die Assoziation zum Beispiel, ganz sicher einer der motorischen Faktoren der poetischen Sprachbildung, ist nicht homogen; sie kann hintergründig sein, aus dem Kern einer verdeckten Vorstellung heraus den Sprachbildungsprozeß dirigieren, oder vordergründig, von Wort zu Wort, im Klanglichen, am greifbarsten mit dem Leitschema des Reims, diesen Prozeß in Gang halten. Diese letzte Unterscheidung ist nicht gleichgültig, denn von ihr hängt ab, was der Sprache »zugetraut« wird, ob man sich ihr als dem leitenden Konstitutionsgrund überläßt oder sich ihr als dem zu bewältigenden Material, dem zu bezwingenden Widerstand gegenübersieht. Es gibt sehr verschiedene Grade und Gründe des Sprachvertrauens. Sprachvertrauen muß nicht mit der Vorentscheidung für das Inspiratorische zusammenhängen, muß nicht heißen, daß man auf den Zuspruch eines »Seins« hinzuhören habe, der nicht *in* der Sprache erfolgt, sondern die Sprache selbst *ist* – dies nur die ins Positive umgekehrte Gestalt und Prämisse moderner Sprachkritik, die doch gleichfalls von der Übermächtigkeit der Sprache über das Denken ausgeht, nur mit dem Unterschied, daß sie gleichsam das »Hinhören« verbietet und den Zuspruch als eine Art der Verhexung zu bannen, nämlich »aufzuklären«

sucht. Nein, das Sprachzutrauen auf die sich selbst sprechende Sprache kann der reinen Musikalität des Sich-Fortzeugens sprachlicher Bildung hingegeben sein, wobei aber die sich derart selbst und leicht hinsprechende Sprache der Frage nach dem in ihr etwa Gedachten oder Imaginierten nur zu leicht wegläuft, so daß selbst noch die etwaige »authentische« Interpretation des Autors genauso viel und so wenig wert ist wie jede andere. Es gibt da Glücksfälle: die Unterschriften unter Bildern von PAUL KLEE sind fast immer, obwohl der Bildkonstruktion oder Bildassoziation nachträglich aufgesetzt, erfinderisch gesetzte Aspekte, trotz der naheliegenden Gefahr, eben sie als authentische Interpretationen zu benutzen. Ich habe mit Absicht am Reich der Sprache vorbeigegriffen, um zu zeigen, daß es gerade hinsichtlich der immanenten Befragbarkeit des Kunstwerkes strukturelle Analogien gibt.

Die zunächst herauspräparierte Frage nach dem impliziten Sprachbegriff eines Textes darf freilich nicht auf eine statische Klassifikation hinauslaufen. Sprachliche Realisierung hat eine immanente Tendenz, die im Rahmen einer Erfassung der Kongruenzverhältnisse von Denken und Sprechen nicht unterzubringen ist. Ich möchte dieses Tendenzielle durch die Angabe der beiden Richtungen »Eindeutigkeit« und »Vieldeutigkeit« beschreiben. Dazu bedarf es nicht der Frage nach einem ausdrücklichen Programm. Die Sprache der Wissenschaft tendiert, unabhängig von präsumtiven Erwägungen, auf Eindeutigkeit der Bezeichnung der Begriffe, und diese Tendenz läßt sich erfassen, gleichgültig, ob einem Text solche Eindeutigkeit bescheinigt werden kann oder nicht. Unwesentlich ist auch, ob die wissenschaftliche Sprache von der Gemeinsprache her gebildet oder ob eine neue Nomenklatur erfunden und konventionell eingeführt wird. Die Maxime der Eindeutigkeit ist schon durch die besondere Weise wissenschaftlicher Mitteilung gegeben, die kaum Rückfragen und Verdeutlichungswünsche wie im Dialog zuläßt. Der gemeinsprachliche Dialog kann auf die Tendenz zur Eindeutigkeit seiner Sprachmittel verzichten, ja er erzielt Klarheit gerade durch die Interferenz der Unklarheiten. Aber die Tendenz der wissenschaftlichen Sprache zur Eindeutigkeit geht zu Lasten ihrer Weite und Allgemeinheit: Wissenschaftliche Sprache gibt es überhaupt nur im Plural, als Inbegriff der Fachsprachen, die exklusive Regionalidiome sind, verstärkt isoliert durch ein soziologisches Moment, das die Behauptung oder gar die Praxis der Übersetzung ins Gemeinsprachliche als »Disziplinverstoß« empfunden werden läßt. Die Sprachsituation der Gegenwart ist weithin charakterisiert durch ihre Tendenz auf Eindeutigkeit in der Regionalisierung bzw. um den Preis der Regionalisierung und damit der Reduzierung auf die reine Übermittlungsfunktion. Der Glaube, durch eine logische Idealisierung, die von der Existenz solcher Fachsprachen ausgeht, die Tendenz auf Eindeutigkeit in eine rationale Gemeinsprache wenigstens aller Wissenschaften untereinander überführen zu können, wird sich als Illusion erweisen.

Die philosophische Sprache nimmt in dieser Betrachtung eine Sonderstellung ein. Ihre Tendenz möchte ich als auf »kontrollierte Mehrdeutigkeit« gerichtet bezeichnen. Wie hier nicht weiter ausgeführt werden kann, gründet sich diese Tendenz auf die Indienstnahme der mundanen Sprache für die Bezeichnung transzendentaler Begriffe, denn eine spezifisch transzendentale Sprache kann es offenkundig nicht geben, wie überhaupt die Illusion einer philosophischen Eigensprache seit dem späten Wittgenstein zerrinnt. Das Phänomen hat seine Vorgeschichte in den Sprachproblemen der negativen Theologie und der Mystik, mit einem interessanten Übergang beim Cusaner und seiner ebenso authentischen wie vergeblichen Sprachanstrengung, und es liegt zum ersten Mal klar vor uns in der Zweisprachigkeit der *Nouveaux Essais* von LEIBNIZ, die von der Monade sprechen, indem sie sie zugunsten der Sprachgemeinschaft mit Locke verschweigen. In der Gegenwart scheint sich, freilich auf einer noch höheren Stufe der Reflexion, das zu wiederholen, was auch das ausgehende Mittelalter charakterisiert hat, nämlich die zunächst paradox erscheinende Gleichzeitigkeit zweier Geistesrichtungen, die für das Mittelalter als »Nominalismus« und »Mystik« bezeichnet werden. Das Gemeinsame läßt sich vielleicht als eine bestimmte Art der geistigen Aufmerksamkeit charakterisieren, die sich zunächst der Ökonomie des Sagbaren unterwerfen möchte, aber dabei der Enge des Bereiches solcher Präzision inne wird und sich dieser Enttäuschung in die Paradoxien des Unsagbaren entzieht. Aber erst in dem Raum zwischen der idealisierenden Programmierung der Sprache auf das Sagbare und der Sprengung der Sprachstruktur zugunsten des Unsagbaren entfaltet sich die eigentliche Leistungsbreite des Sprechens als eines sich ständig neu einspielenden Regulationssystems einer Verständigungsgemeinschaft von äußerster Instabilität.

Wie ordnet sich hier die poetische Sprache zu? Wenn man glauben konnte, sie sei die eigentliche »Ursprache« einer Frühzeit, die in »poetischen Charakteren und in phantastischer Sprachweise« sich äußerte (VICO), so erschien Poesie als der mühsam gerettete Restbestand eines nur gelegentlich angehaltenen bzw. durchsichtig gewordenen säkularen Verfalls in die Prosa. Nicht radikal anders ist die Voraussetzung, wenn Poesie als die Selektion und Sammlung in der Sprache zerstreuter spezifischer Elemente dargestellt wird, die erkannt und zusammengetragen sein wollen. Die als tendenziell zwischen Eindeutigkeit und Vieldeutigkeit ausgespannt beschriebene Sprachsituation läßt die poetische Möglichkeit der Sprache anders sehen. Wenn die Sprache ein Potential der Vieldeutigkeit ist, das mühsam auf engen Bereichen notwendiger informativer Eindeutigkeit in Dienst gehalten wird und schon im Dialog nur funktioniert durch die Unschärfe sich aufeinander einspielender, noch und gerade im Sich-Verfehlen »indikativer« Idiome, dann wäre die poetische Sprache gerade die Freigabe der immanenten Tendenz auf die Multiplizität der Bedeutung. Aber dieses Aufflammen der Vieldeutigkeit ist weder die Rettung eines Restes jener geheimnisvollen Ursprache noch des vermeintlichen Reichtums der alltäglichen Sprache, die eher undeutlich als aktual vieldeutig ist und in einer Art von funktionsgebundener »Toleranz« steht. In dieser Frage gibt es Fehlleitungen in Fülle. VALÉRY hat in Notizen aus dem Jahre 1928 unter dem Titel *Poésie pure* eine Art von substantialistischer Deutung der poetischen Sprache gegeben.[5] Reinheit ist hier verstanden als die Selektion spezifisch poetischer Elemente, die in Vermischung und Verstellung auch alle anderen sprachlichen Werke enthalten. Diese »substance noble et vivante« läßt sich anreichern, entwickeln, kultivieren. Reinheit der Poesie meint dann denjenigen sprachlichen Zustand, in dem das ursprünglich beherrschende Medium der gemeinen Sprache nicht einmal mehr als störende Verunreinigung nachweisbar wäre – ein zugegebenermaßen unerreichbares Ziel, dem sich die Dichtkunst in ihren Anstrengungen nur annähern könne. Die Grundvorstellung ist unabhängig von diesem Zugeständnis, daß die reine Poesie eine Fiktion ist, wenn auch eine empirisch gewonnene Fiktion, aus der Beobachtung an der Sprache hervorgegangen. Die Grundvorstellung spricht sich in dem Satz aus, daß das, was man ein Gedicht nennt, »se compose pratiquement de fragments de poésie pure«. Die Wahrscheinlichkeit des Vorkommens poetischer Elemente in der Sprache ist dabei gering, denn die Sprache ist »un élément commun et pratique«, ein den alltäglichen und individuellen Bedürfnissen angepaßtes grobes Instrumentarium. Poetisierung der Sprache ist demnach die Anreicherung eines seltenen Materials in ihr: »Or le problème du poète doit être de tirer de cet instrument pratique les moyens de réaliser une œuvre essentiellement non pratique.« Diesem Gedanken einer spezifischen Differenz poetischer und nicht-poetischer Elemente der Sprache und damit der Auffassung der Poesie als einer Extraktion einer vorgegebenen seltenen Substanz aus der Sprache folgen wir hier nicht; indem wir Poetisierung als eine Tendenz der Sprache beschreiben, fassen wir das poetische Moment nicht als eine inhärierende Qualität, als ein Merkmal möglicher Auslese, sondern als einen im Funktionszusammenhang des poetischen Gebildes erst möglichen und sich realisierenden Zugewinn der Sprache. Die Tendenz der Poetisierung geht nicht auf die Entdeckung vorgegebener, und sei es noch so wurzelhafter, Bedeutungen, deren Verständnis eine poetische Quasi-Linguistik zu widmen wäre, sondern auf die Bildung neuer Deutigkeiten. Das zeigt sich sehr schön daran, daß auch und gerade das Ausdrucksgut spezialisierter Regionalsprachen in den Horizont moderner poetischer Texte hereingeholt wird oder daß historisch-philologisch indiziertes und erkaltetes Material neu eingesprengt werden kann. Das banalste Alltagswort tritt neben die geweihte metaphysische Vokabel, und es ist dann unmöglich zu sagen, welchem der beiden Elemente eigentlich der poetische Effekt zuzuschreiben ist (z. B. *großer Run der Äonen*), und es wäre das auch eine Frage, die sinnvoll nur im Rahmen jener substantialistischen Theorie der poetischen Sprache gestellt werden könnte.

Der ästhetische Effekt der sprachlichen Tendenz auf Vieldeutigkeit ist zunächst die Überraschung am Vertrauten, der Selbstwertgewinn des bloßen Mittels, das Heraustreten des Selbstverständlichen aus der Sphäre der als solcher unbeachteten »Lebenswelt«. Es wird also nicht etwas »wiedergewonnen«, was in einem Verfallsprozeß geschichtlich verlorengegangen ist, irgendwann aber in ursprünglicher Präsenz dagewesen sein könnte als mythisches Elementarerlebnis, das sich restaurieren ließe, sondern Poetisierung ist durchaus mit Neuheit, Erstmaligkeit verbunden. Der Prozeß der Poetisierung, der sich an der Sprache vollzieht, ist also vergleichbar mit dem Prozeß der theoretischen Vergegenständlichung, der sich gleichfalls elementar dadurch vollzieht, daß das Selbstverständliche problematisch wird, daß auch hier etwas aus dem Horizont der »Lebenswelt« heraustritt. Ob diese Gemeinsamkeit der theoretischen und der ästhetischen Einstellung einer umfassenderen Bewußtseinstheorie zugeordnet werden kann, steht hier nicht zum Thema. Sicher ist aber, daß die ästhetische Funktion der Sprache als solche einen neuen Grad der Bewußtheit ihres alltäglichen Vollzuges und seiner Möglichkeiten darstellt.

Aber diese in aller Poesie sich vollziehende, in der modernen Dichtung gleichsam programmatisch gewordene Entselbstverständlichung der Gemeinsprache, die ins Pretentiöse wie ins Magische genutzt werden kann, ist noch nicht die volle Beschreibung der ästhetischen Funktion der Sprache. Es kommt in der Tendenz auf Vieldeutigkeit zu dem, was man ein »Grenzereignis« nennen könnte, es wird ein Punkt erreicht, an dem der semantische Dienstwert der Sprache gleichsam versagt. Ich werde nicht behaupten, daß in diesem Grenzereignis selbst der Spitzenwert der ästhetischen Möglichkeit der Sprache zu sehen ist; aber die Nähe der Gefährdung durch dieses Grenzereignis bestimmt wesentlich den ästhetischen Reiz der poetischen Sprache. In dieser Gefährdung droht es für die der Sprache zugewandte Aufmerksamkeit sinnlos zu werden, den Bedeutungsspielraum auszuschöpfen und die Vielfalt des Möglichen auf die Stimmigkeit mit dem Kontext hin zu befragen. Die poetische Sprache führt den Mitvollzug einen ähnlichen Weg, wie es die Mystik mit dem Mittel der »Sprengmetaphorik« getan hat: der Horizont von Information, Mitteilung, Anweisung zerbirst, die primär erwartete Leistung der Sprache ist nicht mehr Bezeichnung und Bedeutung. Betrachtet man die

Dinge typisierend und klassifizierend, so ist man nicht weit davon entfernt, die Gefährdung selbst zur Norm zu machen und den Zielpunkt der poetischen Tendenz der Sprache im reinen Nonsense, im Dada, zu sehen; aber der ästhetische Reiz liegt hier wie überall in der Annäherung an den Umschlagspunkt in das Unmögliche, an die Selbstaufhebung, *in der Annäherung*, sage ich, nicht in der Identifizierung mit diesen Extremen. Um es anders auszudrücken: der hermeneutische Glaube bzw. die hermeneutische Glaubwürdigkeit bleiben Bedingungen der Möglichkeit des ästhetischen Genusses. Der ästhetische Vollzug erfordert die Mitgehbarkeit am Leitfaden eines semantischen Kontextes bis zu bestimmten Punkten der Irritation, der Sinnverzweigung, und auch hier wird der ästhetische Sinn nicht in eine Transzendenz gesprengt oder dem Nichts überlassen, wie in allen Arten der Mystik, sondern im Gegenteil in seiner Erwartung umgestimmt auf die Dinglichkeit der sprachlich-bildlichen Präsenz selbst, abgelenkt von der Verweisungsfunktion des Wortes. Aber ich bitte schon hier darauf zu achten, daß mit »Dinglichkeit« nicht die bloße lautliche Materialität des Wortes gemeint ist.

In ihrer Poetisierung wird die Sprache also nicht auf einen vermeintlichen Urzustand zurückgeführt oder auf ihre geheimen Kostbarkeiten hin selegiert bzw. revirginisiert, sondern es wird bei ihrem ständig kritischen Funktionsstatus angesetzt. Aber sicher ist das bewußte Ergreifen und Zuspitzen dieser Möglichkeit etwas durchaus Modernes, das mit einer Sprachkrise zusammenhängen mag, die ihrerseits nur den akuten Zustand einer chronischen Problematik darstellt, die man mit dem großen und verbrauchten Begriff »Geschichtlichkeit« in Zusammenhang bringen kann. Geschichte als bedrängende Erfahrung ist ein neuzeitliches Phänomen, und mit ihr hängt zusammen, daß die Sprache indirekt – nämlich über die ihr sich stellenden semantischen Ansprüche – selbst als kontingentes

Faktum erfahren wird. So hat die frühe Neuzeit erstmals die Indifferenz der Information gegenüber dem Wort offenkundig gemacht: mit dem 17. Jahrhundert entzog sich die Naturwissenschaft dem darstellenden Wort in die Zahl, in die Formel, und ebenso begann die Musik, sich der Vokalität in die reine Instrumentalität zu entziehen. Die Verselbständigung dieser beiden formalen, parasprachlichen Bereiche hat auf das Verständnis der Möglichkeiten der Sprache stark zurückgewirkt und an der Idealvorstellung einer zu fordernden »Reinheit« der Sprache – nicht nur und nicht zuerst im Ästhetischen – wesentlichen Anteil. Seit der Mitte des 19. Jahrhunderts schwebt die Vorstellung von der Absolutheit der Musik als Idee und als Faszination ständig über den Versuchen der Selbstdefinition der Poesie und der Poeten: Musik als das, was nicht Medium ist, sondern selbst voll Beanspruchendes, was nicht die Aufmerksamkeit durch sich hindurchleitet auf anderes, was nicht *thematischer Zeiger*, sondern *thematisches Ende* (Husserl) ist. Versuchung kann diese Idealität der Musik deshalb sein, weil der Analogiewert der Vorstellung nur zu leicht vergessen und der Übergang des poetischen Wortes in den bloßen Klang als Inhalt dieses Regulativs mißverstanden werden kann, während doch das poetische Wort eben Wort bleibt und nicht linear im Klang aufgeht, sondern jene Schwelle der Preisgabe der semantischen Funktion wahrt, die zwischen der Vieldeutigkeit und der bedeutungslosen Undeutbarkeit liegt. Pure Finsternis wäre das Ende auch der »dunklen« Poesie als Poesie.

Der hohe Grad der Gefährdung der Sprache im Prozeß ihrer Poetisierung ist gerade am Leitproblem des Verhältnisses von Dichtung und Musik unverkennbar. Indem die Sprache sich der Musik nähert, hört sie auf, Verweisung auf etwas anderes zu sein, und beginnt, nur noch sich selbst zu bedeuten. Aber solche Substantialisierung kann auch heißen, daß die Sprache in das banalste Kling-Klang, das selbstgestrickte Laut- bzw.

Druckmuster umschlägt, also sich als pure Oberfläche weniger »verdichtet« als vielmehr verschließt. Die Einstellung des Dichters, sagt wiederum Valéry, sei eine Art von *matérialisme verbal*; er könne auf Philosophen und Romanautoren von oben herabsehen, die der Sprache insofern unterworfen sind, als diese für sie Realitätsbedeutung nur durch ihren Inhalt bekommt, während für den Dichter gilt, »que le réel d'un discours, ce sont les mots, seulement, et les formes«. Aber weshalb eigentlich ist dieser Wirklichkeitsbezug der Sprache so störend und worin besteht die neue »Realität«, die in der Dichtung die Sprache selbst gewinnt? Die bloße Annahme des Abbaus der Verweisungscharaktere auf die reine Materialität des Sprachlichen hin gebe kein Kriterium mehr an die Hand, Selbstbedeutung und Bedeutungslosigkeit zu unterscheiden; demgegenüber wurde hier der Versuch unternommen, diesen Prozeß nicht als einen Abbau auf die pure Phänomenalität der Sprache zu beschreiben, sondern als eine Steigerung der in ihr tendenziellen Vieldeutigkeit. In den *Fragments des Mémoires d'un Poème* von 1937 hat Valéry als Grund für die Bevorzugung des Ornaments im weitesten Sinne und der reinen Musik, also der Freiheit von Bedeutungscharakteren, die Lösung von der Bindung an das Faktische angegeben. In der Musik, in der Erfindung des musikalischen Werkes, ist ständig eine Gesamtheit von Möglichkeiten gegenwärtig, und zwar nicht nur ohne darstellende, reproduktive Beziehung zu einer vorgegebenen Wirklichkeit, sondern auch und vor allem ohne Einschränkung des noch Möglichen durch das schon Realisierte. Valéry hat mit Recht diese Einstellung, die sich um das Programmwort *possibilité* beschreiben läßt, als einen antihistorischen Zustand des Geistes bezeichnet, und nicht zufällig zieht sich durch das Denken um »reine Poesie« der rote Faden des Ärgernisses am Faktum, nicht nur am Faktum der Natur und der vorgefundenen Welt, sondern auch am Faktum der vorgefundenen, und zwar mit bestimmter Bedeutungsausstattung vorgefundenen Sprache und an der Irreversibilität jedes mit der Sprache vollzogenen geistigen Prozesses, in dem jede Gegenwart ihre Möglichkeiten eingeschränkt findet durch das, was schon gesprochen worden ist. Die musikalische Formation schafft keine solchen Irreversibilitäten, sie ist in jedem Zeitpunkt im vollen Besitz aller ihrer Möglichkeiten. Daher ist »Konstruktion« eines der Lieblingsworte Valérys, und zwar nicht so sehr als gegen das Organische, sondern vielmehr mit der Spitze gegen das Historische gerichtete Vorstellung. In der Reinheit der ständigen Präsenz eines unbeengten Möglichkeitshorizontes liegt die Faszination der Musik für den Dichter. An einer Stelle, an der Valéry ausdrücklich gegen die *Suche nach der verlorenen Zeit*[6] polemisiert, in der er sich gegen die Erinnerung als das Organ des Faktischen und damit gegen das Epische wehrt, stellt er sich den Plan eines Werkes vor, das die Knotenpunkte des Möglichen zum Gegenstand hätte, das *possible-à-chaque-instant* – und eben hier schließt er die Bemerkung an, daß er von ein und demselben Gedicht verschiedene Texte veröffentlicht habe, und zwar auch solche, in denen es Widersprüche gegeben habe. Als den Inbegriff der dichterischen Selbsterfahrung beschreibt Valéry einen geistigen Zustand uneingeschränkter Freiheit, der gegenüber irgendeinem faszinierenden Gegenstand die Empfindung eines Spielraumes gewonnen habe, in dem der Gegenstand aus seiner gegenwärtigen und vollständig bestimmten Wirklichkeit zurückgekehrt ist in den Zustand der Möglichkeit. Die geschichtlich gewordene und vorgefundene Sprache erscheint Valéry immer wieder als ein Netz von Bindungen und Einschränkungen des reinen Denkens; das Verhältnis des Dichters zur Sprache muß für ihn also dadurch bestimmt sein, daß er auch die Sprache zu einem Zustand der reinen Möglichkeit zurückführt und sie dadurch zu einem Medium der poetischen Freiheit macht. Von hier aus enthüllt sich die Freigabe der Tendenz der Sprache auf Vieldeutigkeit als das Korrelat der ästhetischen Rückverwandlung des Wirklichen in den Horizont seiner Möglichkeiten. Die Vieldeutigkeit der poetischen Sprache vermittelt ein Bewußtsein der ästhetischen Freiheit selbst. Sprache gibt den »Einsatz« zu intentionalen Akten; aber in der poetischen Sprache liegen solche Ansätze gleichsam gebündelt und können daher nicht bestimmte Richtungen des Nachvollzuges initiieren, sondern schaffen nur eine bestimmte Sensibilität. GOTTFRIED BENN spricht von einer *latenten Existenz* der Worte in der Dichtung, um allerdings sogleich mit der Banalität von *Zauber* und *letztem Mysterium* nachzurücken.[7] Weshalb *Zauber*, weshalb *Mysterium*? Es läßt sich leichter sagen, weshalb »Phäaken, Megalithe, lernäische Gebiete, Astarte, Geta, Heraklit« – von Benn selbst genannte Beispiele, »allerdings Namen, allerdings zum Teil von mir sogar gebildet, aber wenn sie sich nahen, werden sie mehr« – auch, nein gerade ohne den zur historischen Pseudoberuhigung führenden Kommentar ihren Effekt haben. An einer anderen Stelle sagt Benn: »Worte schlagen mehr an als die Nachricht und den Inhalt, sie sind einerseits Geist, aber haben andererseits das Wesenhafte und Zweideutige der Dinge der Natur.« Diese Analogie zur Dinglichkeit ist wichtig: wo das Wort als Anweisung auf eine Anschauung versagt, wo es auf mehr als einen Weg der Ausbildung einer zunächst vage ansetzenden Vorstellung schickt, wo es auf viele Wege weist, die eben deshalb doch nicht reell gegangen werden können, lädt es sich auf mit der Ahnung dessen, was nicht vollstreckt und zur Erfüllung gebracht werden kann, was aber gerade als solches, als Horizont unerfüllter Intentionen, das erfahrende Subjekt sich selbst gegenwärtig macht und es von der alltäglichen Sprachsituation der objektivierten und zu objektivierenden Welt wegwendet auf seine eigene Omnipotenz der Imagination.

Eine immanente Poetik wird nicht darum herumkommen können, die poetische Qualität der ihr vorliegenden Sprache wesentlich aus der Opposition gegen die zeitgenössische Normierungstendenz der Sprache zu verstehen. Die Frustration der normalen bzw. normierten Antizipation ist selbst poetisches Mittel, das den Rezipienten aus seiner Einstellung des fließenden Verstehens von Sprache wirft, die immer Eindeutigkeit unterstellt, fordert, beanspruchen zu können glaubt, sich durch die ständige Enttäuschung dieses Anspruches in der alltäglichen Verständigung gar nicht irremachen läßt und auch gar nicht irremachen zu lassen braucht. Der Widerstand der ästhetischen Sprache muß daher um so massiver sein, je mehr das öffentliche Sprachbewußtsein in dem Anspruch auf Eindeutigkeit vermeintlich oder reell sich bestätigt findet. Man wird nicht umhin können, die Sprachtendenz einer sich verwissenschaftlichenden Welt als zumindest vermeintliche Bestätigung des Eindeutigkeitsanspruches anzusehen. Das gilt nicht nur für die Welt, in der Naturwissenschaft und Technik getrieben werden, sondern auch und gerade für die Welt, in der Philologie und Ästhetik ihren Platz und Betrieb haben. Die wesentliche immanente Gegenläufigkeit objektivierender und poetisierender Sprache wird also, so wird man noch vor Kenntnisnahme konkreter Zeugnisse annehmen dürfen, in dieser Sphäre eine akute Verschärfung erfahren, und man wird eine poetische Sprache von vehementer Obstinanz gegen jede Verweisungsfunktion erwarten dürfen, eine Sprache, deren Metaphern sich gegenseitig stören und aufheben, in der die angesetzten Bilder nicht aufgehen, die keine beruhigende Interpretation ihrer Syntax zuläßt, in der die Herkunftshorizonte mythischer Anspielungen ständig und ohne Hilfen wechseln, ja in der ein ans Lesen und nicht ans Sprechen gewöhntes Publikum gezwungen wird, Sprachbilder gedruckt zu sehen, für die ihm sogar die lautlichen Äquivalente fehlen und wo der gebildete Leser nur zu oft nicht weiß, ja nicht einmal errät, woher eine »Zutat« genommen sein könnte – ich denke etwa an EZRA POUND –, wo also auch das bestausgerüstete Bildungsarsenal nicht zur Beruhigung verhilft. Wo hier die Grenze der Zumutungen liegt, die dem ästhetisch rezeptiven Bewußtsein gestellt werden können, läßt sich wohl kaum bestimmen. Viele Zeugnisse einer solchen Poesie werden ihre Bedeutung nur als Fossilien einer bestimmten ästhetischen und sprachlichen Situation behalten.

Die aus der Sprachsituation zu verstehende Oppositionsqualität der poetischen Sprache genügt indes nicht, schon Dichtung zu konstituieren, indem das derart Elementare nun nur noch sekundär in eine präsentable Form gebracht werden müßte. Im Gegenteil, die Vieldeutigkeit ist eine atomistische, eine zerstörerische Bestimmung; sie ist Bedingung, aber nicht konstruktiver Faktor der Dichtung. Die notwendige Verbindung jener Oppositionsqualität mit einer positiven formalen Determination ist am glücklichsten, wie ich meine, wieder von dem immer mit mathematischen Kategorien liebäugelnden Valéry in dem *Calepin d'un Poète* von 1928 formuliert worden: der Gehalt eines Gedichtes an reiner Poesie bestehe letztlich in der »probabilité apparente et qui s'impose, dans la production de l'improbable«.[8] Die *Wahrscheinlichkeit des Unwahrscheinlichen* ist die logische Strukturformel des ästhetischen Gegenstandes. Obwohl auch für die Sprache die Unordnung den Zustand statistischer Wahrscheinlichkeit darstellt, ist doch die Tendenz zur Vieldeutigkeit als solche nicht die Richtung zunehmender Wahrscheinlichkeit und Unordnung, sondern jener Bedeutungsschwund der Sprache, bei dem Eindeutigkeit nur das ist, was übrigbleibt. Der Bedeutungsreichtum der poetischen Sprache ist das *Unwahrscheinliche*. Aber dieses hat als solches noch keine ästhetische Qualität, im Gegenteil, es fällt in der Isolierung auf die pure Signalqualität zurück. Die Gestaltung, innerhalb deren es als Element auftritt, bindet es zu einer vom Elementaren her unerwarteten *Wahrscheinlichkeit*, im günstigen Falle zur Evidenz. Was aus der lebensweltlichen Selbstverständlichkeit herausgenommen und in seiner Konstellation zu überraschender Neuheit gebracht wird, integriert doch einen Kontext, der sich durch eine neue, zwingende Selbstverständlichkeit ständig rechtfertigt. Die formalen Mittel zu solcher Konsistenz des Inkonsistenten, *Wahrscheinlichkeit aus Unwahrscheinlichem*, sind bekannt. Valéry hat hier besonders den gern verachteten Reim hervorgehoben und ihn in einer Notiz des *Cahier* B *1910* (1924) mit der Wahrscheinlichkeitsüberlegung in Zusammenhang gebracht, daß man mehr Aussicht habe, zu einem bestimmten gegebenen Reim eine literarische *Idee* zu gewinnen als umgekehrt von einer Vorstellung ausgehend einen Reim zu finden – und auf diesem Sachverhalt beruhe alle Poesie und insbesondere die Dichtung der Epoche von 1860 bis 1880. Das ist eine höchst charakteristische und in Varianten wiederkehrende Bemerkung, so auch bei der Darstellung der Entstehung eines Gedichtes aus den bei einem Spaziergang sich von selbst einstellenden Rhythmen des Gehens, die als eine zur Auffüllung anreizende Leerform aufgefaßt werden.[9] Wollte man das Schema von Form und Gehalt erneuern, so müßte man jetzt von einer Angemessenheit des Gehaltes an die Form ausgehen; aber das ist ganz unnötig, da auch die Vieldeutigkeit der poetischen Sprache als solche ein »formales« Kennzeichen ist. Es handelt sich hier um formale Bestimmungen verschiedener Stufen; dadurch allein wird die *Wahrscheinlichkeit des Unwahrscheinlichen* als Kriterium des ästhetischen Gegenstandes in seiner Totalität ermöglicht. Was ein »ästhetischer Reiz« – als Gegenwert ästhetischer Sensibilität – ist, bleibt eine zuverlässige Frage der immanenten Poetik, aber sie gestattet nicht die weitergehende Voraussetzung, daß der ästhetische Gegenstand als solcher durch eine Summierung ästhetischer Reize konstituiert sei. Der ästhetische Reiz haftet an der Steigerung der elementaren Vieldeutigkeit aus der Komplexität der Konstellationen und Bedeutungsinduktionen; aber zur Konstitution des ästhetischen Gegenstandes wird dieser Unwahrscheinlichkeit in der Substruktur ein kontrastierendes Dennoch formaler Integration, Bewältigung des der semantischen Exklusion Nahegerückten, entgegengesetzt. Das Gedicht wird auf einer anderen Sprachstufe gesprochen als jedes seiner konstituierenden Sprachelemente, deren jedes der Maxime der sprachlichen Poetisierung genügen muß: »Nous attendons le mot inattendu« […],[10] aber das Gedicht ist dann doch nur realisiert als die unerwartete Erfüllung einer im Durchgang zweifelnden, wenn nicht verzweifelten Erwartung.

Anmerkungen

1 Edmund Husserl, *Formale und transzendentale Logik*, Halle 1929, S. 22 (jetzt auch in: E. H., *Gesammelte Werke. Husserliana*, Bd. 17, Den Haag 1974).
2 Husserl, *Ideen zu einer reinen Phänomenologie und phänomenologischen Philosophie*, § 66; *Husserliana*, Bd. 3, 1950, S. 154 f.
3 Zum Beispiel Louis Lavelle, *La parole et l'écriture*, Paris 1942.
4 Benjamin Lee Whorf, *Language, Thought and Reality*, hrsg. von John B. Carroll, Cambridge (Mass.) 1956, dt.: *Sprache, Denken, Wirklichkeit*, hrsg. und übers. von Peter Krausser, Reinbek bei Hamburg 1963, S. 12 f., 19.
5 Paul Valéry, *Œuvres*, Bd. 1, Paris 1931, S. 1456 ff.
6 Marcel Proust, *À la recherche du temps perdu*, Paris 1938–1941, dt.: *Auf der Suche nach der verlorenen Zeit*, Frankfurt a. M. 1953–1957.
7 Gottfried Benn, »Probleme der Lyrik«, in: G. B., *Gesammelte Werke*, hrsg. von Dieter Wellershoff, Bd. 1, Wiesbaden 1960, S. 513 f.
8 Valéry, *Œuvres*, Bd. 3, 1933, S. 192 f.
9 Valéry, *Œuvres*, Bd. 1, S. 1474.
10 Ebd., S. 1448.

Paradigma, grammatisch

THOMAS S. KUHN hat in seinem viel diskutierten Buch über die Struktur wissenschaftlicher Revolutionen den Begriff des *Paradigma* in die Theorie der Wissenschaftsgeschichte eingeführt.[1] Er selbst gibt im Vorwort an, wie er zu der Verwendung dieses Ausdrucks gekommen ist. Als Naturwissenschaftler verbrachte er das Jahr 1958/59 in einer überwiegend aus Sozialwissenschaftlern zusammengesetzten Gruppe am ›Center for Advanced Studies in the Behavioral Sciences‹ in Stanford. Für den Naturwissenschaftler war überraschend, in welchem Maße innerhalb der Sozialwissenschaften Meinungsverschiedenheiten über wissenschaftliche Methoden und Probleme bestehen und ausgetragen werden. Kuhn begnügte sich nun nicht mit der Annahme, daß in den exakten Naturwissenschaften größere Sicherheit und Solidität in den fundamentalen Fragen gegeben sei, sondern kam zu der Vermutung, daß hier andere historische und soziale Strukturen der theoretischen Praxis die Verfestigung bestimmter Voraussetzungen zur Ausschaltung von Kontroversen begünstigt hätten. Kuhn schreibt: »Der Versuch, die Ursachen jener Differenz zu enthüllen, führte mich dazu, die Rolle dessen in der wissenschaftlichen Forschung zu erkennen, was ich seitdem ›Paradigmata‹ (paradigms) nenne. Von diesen glaube ich, daß sie allgemein anerkannte wissenschaftliche Leistungen sind, die für eine gewisse Zeit einer Gemeinschaft von Fachleuten Modelle und Lösungen liefern.«[2] Gerade die Geltung des Paradigmas ist es dann, die an einem bestimmten Punkt der theoretischen Entwicklung durch die Verfeinerung und Präzisierung von Verfahren zur Feststellung von Anomalien und damit zur Störung der innerhalb des Paradigmas geweckten und bestehenden Erwartungen führt und schließlich das Paradigma in eine Krise hineintreibt. Der Begriff des Paradigmas stellt also in gewisser Hinsicht ein Moment der Diskontinuität im Schema der Wissenschaftsgeschichte dar. Die *violations of expectations* sind eben nur dann möglich und folgenreich, wenn ein konsolidierter Bestand gefährdet werden kann. Das Paradigma ist ein latenter Komplex von Prämissen, die als Implikationen der wissenschaftlichen Praxis gar nicht ausdrücklich formuliert werden müssen, sondern in die Methoden und Fragestellungen bereits eingegangen sind. »Wissenschaftler arbeiten nach Modellen, die sie sich durch ihre Ausbildung und die spätere Beeinflussung durch die Literatur angeeignet haben, oft ohne genau zu wissen oder auch wissen zu müssen, welche Eigenschaften diesen Modellen den Status von Gemeinschafts-Paradigmata gegeben haben.«[3] Der wissenschaftliche Fortschritt ist daher kein als additiv zu begreifender Prozeß; die in ihm auftretende Spontaneität hat vielmehr den Charakter einer *technique for producing surprises.*

Man liest diesen Text, ohne in dem Ausdruck ›Paradigma‹ etwas anderes als die Bedeutung ›Beispiel‹ wahrzunehmen. Nun ist aber aufschlußreich, daß schon GEORG CHRISTOPH LICHTENBERG den Ausdruck ›Paradigma‹ bezogen auf die Wissenschaftsgeschichte als Metapher verwendet hat. Im letzten Band der Göttinger Ausgabe der Schriften Lichtenbergs von 1800 bis 1806 ist unter den als *Nachlaßfragmente* betitelten Texten folgendes zu lesen: »Ich glaube unter allen heuristischen Hebezeugen ist keins fruchtbarer als das, was ich paradigmata genannt habe [...].«[4] Lichtenberg schreibt weiter, er glaube, daß man durch ein aus der Physik gewähltes Paradigma auf Kantische Philosophie hätte kommen können. Der Text verrät nicht, wie Lichtenberg auf den Ausdruck Paradigma in diesem Zusammenhang verfallen ist. Darüber geben die Erinnerungen von GOTTLIEB GAMAUF zu den Vorlesungen Lichtenbergs Aufschluß. Hier findet sich der folgende, durchaus authentisch klingende Lichtenberg-Text: »Das schönste Beispiel von dem großen Nutzen der Hypothesen gibt die Astronomie. Nun ist das kopernikanische System fast ganz außer allen Zweifel gesetzt. Es ist gleichsam das Paradigma, nach welchem man alle übrigen Entdeckungen deklinieren sollte. Hier ist der menschliche Verstand am weitesten und tiefsten eingedrungen.«[5]

In diesem Text ist der Ausdruck ›Paradigma‹, schon durch die Kennzeichnung mit einem ›gleichsam‹, ganz klar metaphorisch gebraucht. Die Funktion der astronomischen Theorie vom Range der kopernikanischen ist die eines Schulbeispiels in der Grammatik, an dem der Schüler die Deklination aller übrigen Substantive desselben Stammtypus erlernt. In welchem Sinne das kopernikanische System ein solches Paradigma ist, nach dem andere Entdeckungen ›dekliniert‹ werden können, hat Lichtenberg selbst immer wieder vorgeführt. Er hat schließlich am Ende seines Lebens aus dieser Affinität zu dem astronomischen Paradigma heraus noch die schönste Biographie des KOPERNIKUS geschrieben, die wir in deutscher Sprache besitzen.

Ich gebe nun noch ein für diesen Zusammenhang sehr signifikantes Beispiel, das sich in Lichtenbergs *Geologisch-meteorologischen Phantasien* findet und in dem Lichtenberg den Ausdruck ›Paradigma‹ in dem prägnanten metaphorischen Sinn des grammatischen Schulbeispiels verwendet. An dieser Stelle spricht Lichtenberg von dem Problem möglicher periodischer Schwankungen der Sonnenstrahlung und der Abhängigkeit von Klimaveränderungen von diesen. Der Göttinger Astronom MAYER hatte Vorschläge zur Aufstellung von Strahlungsmeßgeräten auf Gebirgen im Anschluß an HERSCHEL gemacht. In dem von ihm herausgegebenen *Göttingischen Taschenbuch* schreibt Lichtenberg dazu: »Es freut den Herausgeber dieser Blätter unendlich, auch hier wiederum zu sehen, was astronomischer Geist, fast möchte man sagen, astronomisches Gefühl bei Anordnung von Untersuchungs-Planen in der Naturlehre vermag. Es wird nicht eher, wie er schon oft gesagt hat, um alle Teile der Naturlehre gut zu stehen anfangen, bis man das Verfahren der Astronomen bei Erweiterung ihrer Wissenschaft als das Paradigma ansieht, in allen übrigen Teilen der Naturlehre danach zu deklinieren, und eine Geschichte der Astronomie in nuce als eine Haustafel in den physischen und chemischen Laboratoriis anzunageln. Zumal wäre es vielleicht jetzt den eifrigen Antiphlogistikern zu raten, die Geschichte der Erfindung des wahren Weltsystems zu Herzen zu nehmen. Lavoisier ist unstreitig der Kopernikus der Chemie geworden.«[6] Lichtenberg sieht den Zustand in den Wissenschaften seiner Zeit gern als vorkopernikanisch an. Dazu gehört die Verwirrung, die aus der Hypertrophie von Hilfskonstruktionen und neu entdeckten Materien entstanden war. Das gilt vor allem und immer wieder für die Chemie, in der für Lichtenberg viel zu viele »neue Erden« entdeckt worden waren. Das zeigt ihm an, daß in dieser Wissenschaft ein radikaler vereinfachender Zugriff nach dem Paradigma der astronomischen Reform fällig geworden ist. In einer Notiz aus dem Nachlaß schreibt Lichtenberg: »Ich kann eben nicht sagen, daß mir diese Entdeckungen von neuen Erden sehr gefallen. Diese Aufhäufungen von neuen Körpern erinnern mich an die Epicykloiden in der Astronomie. Was wollten jene Astronomen mit ihren Epicykloiden gemacht haben, wenn sie die Aberration der Fixsterne gekannt hätten? Viel geometrischer Scharfsinn hätte können gezeigt werden, wie z. B. Kopernikus bei seinen Irrtümern. Aber was ist das? Was ich eigentlich hier sagen wollte, ist: Wenn die Chemie nicht bald einen Kepler erhält, so wird sie von der Menge der Epicykloiden erdrückt werden; kein Mensch wird sie mehr studieren, und die Trägheit wird sie am Ende zu simplifizieren wissen, was der tätige Verstand besser könnte. Es muß und muß einen Standpunkt geben, aus welchem angesehen alles einfacher aussieht. Sobald man vermeintliche Irregularität in den Blättern des Baums für wichtig genug hält, sie in der Geschichte des Baums als große Ereignisse anzumerken, so ist an Ergründung der Natur des Baums gar nicht mehr zu denken.«[7]

Dem wissenschaftlichen Paradigma vom Typus des kopernikanischen geht voraus das Paradigma, das die Sprache für alles Denken liefert. Von diesem Gedanken ist Lichtenberg beherrscht, und er hat gesagt, daß unsere ganze Philosophie Berichtigung des Sprachgebrauchs und damit Berichtigung der allgemeinsten immer schon vorhandenen Philosophie sei. Das wird wiederum in einer grammatischen Metapher ausgesprochen: »Unsere falsche Philosophie ist der ganzen Sprache einverleibt; wir können sozusagen nicht räsonnieren, ohne falsch zu räsonnieren. Man bedenkt nicht, daß Sprechen, ohne Rücksicht von was, eine Philosophie ist ... Allein die gemeine Philosophie hat den Vorteil, daß sie im Besitz der Deklinationen und Konjugationen ist. Es wird also immer von uns wahre Philosophie mit der Sprache der falschen gelehrt. Wörter erklären hilft nichts; denn mit Wörtererklärungen ändere ich ja die Pronomina und ihre Deklination noch nicht.«[8]

Bedenkt man, wie häufig in dem metaphorischen Komplex »Buch der Natur« die Metaphorik der Wörter, Silben und Buchstaben und die der offenen und chiffrierten Semantik ist, so fällt von Lichtenbergs Metaphorik her – also am Ende dieser Tradition – erst auf, daß es für jenes »Buch der Natur« keine Metaphern der Syntax und Formenlehre gegeben hatte. Die Wahrnehmung dessen, was es nicht gibt, ist die schwerste.

Anmerkungen

1 Vgl. Thomas S. Kuhn, *The Structure of Scientific Revolutions*, Chicago 1962, dt.: *Die Struktur wissenschaftlicher Revolutionen*. Frankfurt a. M. 1967.

2 Kuhn, *Die Struktur wissenschaftlicher Revolutionen*, S. 11.

3 Ebd., S. 71.

4 Georg Christoph Lichtenberg, *Vermischte Schriften*, hrsg. von Ludwig Lichtenberg und Friedrich Kries, Bd. 9, Göttingen 1806, S. 152 f.

5 Gottlieb Gamauf, *Erinnerungen aus Lichtenbergs Vorlesungen*, Bd. 1, Wien/Triest 1808, S. 36 [zu §§ 8/9 der *Anfangsgründe der Naturlehre* (1772) von Johann Chr. Polyk. Erxleben, überschrieben »Hypothesen«].

6 Lichtenberg, *Vermischte Schriften*, Bd. 7, 1804, S. 203 f.

7 Ebd., Bd. 9, 1806, S. 187 f.

8 Ebd., Bd. 2, 1801, S. 56 f.

Ernst Cassirers gedenkend bei Entgegennahme des Kuno-Fischer-Preises der Universität Heidelberg 1974

Wenn Sie mir erlauben, das Nächstliegende zu umgehen, über den *letzten* Empfänger des Kuno-Fischer-Preises und das damit bedachte Werk mich zu äußern, möchte ich mich an das Naheliegende halten, seines *ersten* Empfängers zu gedenken. Das ist schon deshalb das Naheliegende, weil in wenigen Tagen, am 28. Juli, ohnehin des 100. Geburtstages von ERNST CASSIRER zu gedenken wäre. Cassirer hat, vor genau 60 Jahren, den 1904 gestifteten Preis als erster zugesprochen bekommen.

Befürchten Sie bitte nicht, daß ich einen Gedenkaufsatz für jemand verlese, den ich persönlich gar nicht gekannt habe. Ich möchte vielmehr fragen, wie es mit der Sache steht, die dem Mann wichtig war und die mit der Verleihung des Preises an ihn als von ihm vertretene herausgehoben wurde. Zu fragen ist, meine ich, wie es mit seiner Konzeption der Geschichtsschreibung von Philosophie bestellt ist. Hat er – und gegebenenfalls: wie? – dem großen Wort des Namengebers dieses Preises, des von KUNO FISCHER 1897 in *Geschichte der Philosophie als Wissenschaft* ausgesprochenen, eine eigene Wendung gegeben, Geschichte der Philosophie treiben heiße selbst zu philosophieren?

Als Cassirer den Preis erhielt, lagen von seiner schließlich vierbändigen Geschichte des Erkenntnisproblems (*Das Erkenntnisproblem in der Philosophie und Wissenschaft*, 1906–1950) die ersten beiden Bände bereits in der zweiten Auflage vor. Dennoch ist der weitere Weg seines Denkens gerade bestimmt durch den Niedergang der Erkenntnistheorie als der zentralen philosophischen Thematik. Zwar sagt Cassirer noch 1929 in der Davoser Disputation mit HEIDEGGER: »Ich fasse meine eigene Entwicklung nicht als Abfall von Cohen auf«, aber er fügt hinzu, die mathematische Naturwissenschaft sei ihm nicht mehr das Ganze, sondern nur dessen Paradigma.

Diesen Verlust des Primats der Erkenntnistheorie wird man als einen säkularen Vorgang an Cassirers intellektueller Biographie ablesen dürfen. Er bezeichnet einen elementaren Wandel im Verhältnis von Philosophie und Wissenschaften. Das Sicherheitsbedürfnis, dem alle Erkenntnistheorie entspringt, mußte sich in dem Maße verändern, wie es schwerer wurde, die theoretische Gewißheit noch dann zum Zentrum des Nachdenkens zu machen, wenn alles andere eher ungewiß erscheint als die Erkenntnis. Die ehrwürdige Frage, was wir denn wissen *können*, transformiert sich gerade dem historisch nicht unbesonnenen Nachdenken immer mehr in die andere, was es denn gewesen war, was wir wissen *wollen*. Zudem hatte sich die Rückwirkung von Wissenschaft auf die Lebenswelt so verdichtet, daß es schon als Überraschung erscheint, wenn an der Bestätigungsfähigkeit wissenschaftlicher Theorien gezweifelt wird. Jeder technische Knopfdruck macht sinnfällig, daß Wissenschaft zuverlässig ist – auch wo sie Bedrohliches hervorbringt oder ermöglicht. Solche Trivialerfahrung war KANT, ja noch den Neukantianern weitgehend fremd, denen die Himmelsmechanik mit ihren sporadischen Bestätigungssensationen der Prototyp theoretischer Vergewisserung war.

Das erste große Thema Cassirers war also ein monumentaler historischer Nachruf, aber gerade darin kein Mitvollzug der Abwertung: durch ihre Geschichte, durch den umfassenden und abschließenden Blick auf sie, wird die Erkenntnistheorie zum Leitfaden einer geschichtstheoretischen Reflexion.

Das zweite große Thema Cassirers war die Theorie der Begriffsbildung in dem noch heute, wie ich meine, unausgeschöpften und weithin zu Unrecht vergessenen Werk von 1910 *Substanzbegriff und Funktionsbegriff*. ›Vergessen‹ ist ein Stichwort, wenn man Wirkung und Wirkungslosigkeit Cassirers in ihren überraschenden Proportionen betrachtet. Cassirer lehrte 15 Jahre an einer Universität, der, ›unphilosophisch‹ zu sein, unbedenklich bescheinigt werden durfte (ich wähle das Praeteritum, um meine eigenen nur zweijährigen Erfahrungen auf einem Hamburger Lehrstuhl nicht zum Maßstab zu machen). Dennoch: die Zeit in Hamburg hat Cassirer zu einer ›Weltfähigkeit‹ seines Denkens – und dies kaum gegen seine Disposition – genötigt, durch die es ihm am Ende einzig unter allen deutschen Emigranten in den USA gelang, eine bis auf den heutigen Tag manifeste Wirkung auszuüben, deren unvergleichliches Organ das *Journal of the History of Ideas* ist.

In Hamburg gab es die Bibliothek Warburg, ein singuläres Dossier des Unentdeckten. Die Theorie dieser Bibliothek, wenn man es so sagen darf, später des gleichnamigen Instituts, war Cassirers dreibändige *Philosophie der symbolischen Formen* (1923–1929). Zwar war dieses System der symbolischen Funktion das Schlußstück der impliziten oder ausdrücklichen Intentionen des ganzen Neukantianismus: die Kategorientafel der Naturobjekte nur als einen Spezialfall des Kategoriensystems der Kulturobjekte anzusehen, unter denen am Ende die methodisch zugerichteten der Natur auch und wieder auftauchen – aber der Wirkung nach wurde durch das Netz der symbolischen Formen und ihre vertikale Struktur eine neue Welt von Gegenständen und Themen für die philosophische Theorie erschlossen oder in neuer Weise ausgezeichnet und integriert.

Die Erprobung der Leistungsfähigkeit des Konzepts der symbolischen Formen hat Cassirer zum nicht-kanonisierten, zum exotischen, zum obskuren Material geführt. Die Allgegenwart der symbolischen Form ist die Unmöglichkeit einer prälogischen Primitivität. Cassirer war fasziniert von USENERS ›Augenblicksgöttern‹, die ihm die elementaren Leistungen der

Namengebung und Systembildung exemplifizierten. Unmöglich sollte es werden, den wissenschaftlichen Fortschritt zum Indikator aller Differenzierung des Bewußtseins zu machen. Die umfassende Aufarbeitung sprachwissenschaftlicher, ethnographischer und religionshistorischer Befunde belegt das. Die Geschichte erscheint nur als eine der Relationen, in denen das Fremde als das der Möglichkeit nach Eigene zu erfassen ist. Zeit und Raum werden gleichwertige Dimensionen dieser Grunderfahrung, die sich zu der Aufgabe formiert, das Fremde nicht durch das Eigene, die Vergangenheit nicht durch die Gegenwart hindurch zu sehen und zu werten.

Konsequent hat sich der Historiker der Philosophie immer mehr auf die Darstellung des vermeintlich Obskuren eingelassen. Das geschichtsphilosophisch entleerte Niemandsland zwischen Scholastik und Cartesianismus hat das Renaissance-Buch Cassirers (*Individuum und Kosmos in der Philosophie der Renaissance*, 1927) erhellt, mehr noch: mit Erkenntniswürdigkeit ausgestattet. Ähnliches gilt für die Darstellung des Platonismus der Schule von Cambridge (*Die platonische Renaissance in England und die Schule von Cambridge*, 1932).

Die Theorie der symbolischen Formen geht ihrerseits auf die alltägliche, nicht mehr auf die wissenschaftliche Erfahrung zurück. Aber was diese alltägliche Erfahrung vergegenwärtigt, sieht sie durch das Medium der Gestaltspsychologie. Cassirer hat die ›anschauliche Welt‹, ihre Phänomene des Ausdrucks, als Grundlage aller theoretischen Leistungen sehen wollen und diese nur als Vollstreckung jener. Aber das ist so leicht gesagt, daß es den Verdacht nicht entkräften kann, das Schwerste zu sein. Es ist das Thema, zu dem fast genau gleichzeitig EDMUND HUSSERL unter dem Stichwort der ›Lebenswelt‹ geführt wird. Mit dieser Thematik hat Husserl das neukantianische Element seiner Philosophie endgültig eliminiert: der Anfang des Philosophierens kann nicht im Rückgang auf ein

Faktum liegen, auch nicht im Rückgang auf das Faktum Wissenschaft. Die Lebenswelt ist nicht ›alles, was der Fall ist‹. Sie ist womöglich nichts von dem, was der Fall ist. Aber kann, was sie ist, in der Weise der Wissenschaftlichkeit erfaßt und beschrieben werden, ohne den Gegenstand auf die Gegenständlichkeit von Wissenschaft zu moderieren?

Wie für die phänomenologische ›Lebenswelt‹, stellt sich auch für Cassirers faktische Trennung von den Prämissen des Neukantianismus unter dem Kriterium der Anschauungs- und Ausdruckswelt die bange Frage, ob mit der Übertragung des Ideals der Kategorien auf das System der symbolischen Formen die neukantianische Teleologie in Richtung auf die normierte Wissenschaftlichkeit wirklich verlassen werden konnte. Es ist leicht, das Maß des Versagens an dieser verzweiflungsvollen Aufgabe im Rückblick festzustellen, schwerer schon, das Maß der Annäherung an ihre Ausführung dennoch zu erfassen – noch wichtiger aber als dies ist, die Begründung für ihre durch kein Mißlingen abzuschwächende Verbindlichkeit nicht aus dem Blick zu verlieren.

In Cassirers Werk besteht eine Unstimmigkeit zwischen der Eigenwertigkeit der Teilsysteme symbolischer Formen, wie Mythos, Sprache, Religion, Kunst, und der durchgehenden Intentionalität des Gesamtsystems auf Erkenntnis wissenschaftsförmiger Art und deren unüberbietbare Endgültigkeit hin. Das festzustellen hat nichts zu tun mit dem Zweifel an der Wissenschaft als Fortschrittsfaktor. Ich halte diesen heute so gängigen Zweifel für leichtfertig und unerlaubt, aber auch für undurchführbar, weil sich selbst immer wieder nur in der Form von Wissenschaftlichkeit formierend. Aber ist nicht die *Philosophie der symbolischen Formen* schließlich doch nur eine raumzeitlich erweiterte Wissenschaftsgeschichte? Und das heißt: sieht sie nicht in dem Erkenntniszweck die Aufhebung aller Weltverständniszwecke als vorläufiger?

Daß wir diese Zentrierung überhaupt bemerken können, verdanken wir dem philosophischen Prozeß, an welchem so verschiedenartige Geister wie Dilthey, Simmel, Husserl, Cassirer und Heidegger zu ihren Teilen gearbeitet haben. Cassirer selbst hat in seinem Werk, im Ausstiegsversuch aus dem Neukantianismus, den Aspekt geschaffen, unter dem wir auch an ihm noch erkennen können, was uns selbst in wenigen Jahrzehnten vorgeworfen werden wird, daß die Gegenwart der ausgezeichnete Punkt geblieben ist, das rechtfertigende Kriterium der neu präsentierten Phänomene, der Geschichte bis tief in den Hintergrund des Mythos hinein. Das ist zwar nicht im Detail, nicht in der regionalen Deskription die Optik Cassirers, aber in der Gesamtkonzeption. Man sollte sich hier nicht leichtfertig überlegen fühlen. Nicht nur, wer vom Fortschritt spricht, sondern auch, wer die letzte Rettung vor dem Antihistorismus in der Instrumentalisierung aller ›Fülle der Vergangenheit zur Aufklärung der Gegenwart‹ erblickt, hat noch nicht einen Deut anders gedacht, sondern nur anders gesagt.

Was bei Cassirer zu lernen bleibt, steckt gerade in dem, was ihm nicht gelungen ist, was aber in seiner Lebensarbeit und über diese hinaus als drängender Impuls bemerkbar ist: Geschichte der Philosophie, der Wissenschaften, der symbolischen Formensysteme nicht der Selbstbestätigung von Gegenwarten dienstbar zu machen, nicht dem Kriterium des Erfolges – auch nicht dem der Relevanz für Bewußtseinsbildungen – zu unterwerfen. Cassirer hat uns nirgends wissen lassen, ob es der Kantianer war, der sich mit dem Imperativ, die Menschheit in keiner Person bloß als Mittel zu gebrauchen, auch der Funktionalisierung der Geschichte auf die Aktualitätsbedürfnisse einer Gegenwart, mit welchem Erfolg auch immer, widersetzte. Aber gerade dies ist ein Ethos der Erkenntnis, das sich nicht auf die Bestätigung der Selektionsmechanismen in der Geschichte (denen hoher Wert nicht abzusprechen ist) beschränken läßt.

Dieses Ethos, auch und gerade das des Historikers, schließt aus, daß je eine Gegenwart so etwas wie das Ziel der Geschichte sein oder diesem sich bevorzugt nähern könnte. Es ist das Ethos, das die Mediatisierung der Geschichte destruiert. Zu unserem Glück, denn, daß es kein Ziel der Geschichte gibt, bewahrt uns davor, auf ein solches Ziel hin ›vorläufig‹ zu bleiben, aufgefordert zu werden, ihm als Mittel dienstbar zu sein. Gedankengebilde vom Typus ›Erziehung des Menschengeschlechts‹ verteidigen den Sinn der Geschichte auf Kosten derer, die zu früh geboren wurden, um schon ›wohlerzogen‹ sein zu können.

Die christliche Dogmatik, die ja nie zimperlich gewesen ist, Heilsverluste zu statuieren, konnte doch die Kontingenz des Weltzeitpunktes der Erlösung nicht ertragen: das großartige Mythologem des *descensus ad inferos* ließ auch die Gewesenen noch an der späten Heilstat teilnehmen.

Was heute einer ausgeprägten Empfindlichkeit begegnet, ist die Arroganz der Gleichzeitigen im Raume einer eng gewordenen Welt, das Erstgeburtsrecht der im Fortschritt Arrivierten gegenüber den der Nachhilfe Bedürftigen. In der Dimension der Zeit wird als Selbstverständnis für selbstverständlich genommen, daß der Fortschritt – wie vermeintlich immer er sein mag – unausweichlich die Früheren gegenüber den Späteren im Rückstand läßt, daß jede Zeitform von List der Vernunft einschließt und gebietet, gleichgültig zu werden gegenüber allen ihren Zwischen- und Durchgangsstadien, nicht zuletzt auch gegenüber der Gegenwart als einem solchen.

In der Ethnographie ist seit langem nicht mehr möglich, was in der Wissenschaftsgeschichte noch gang und gäbe ist: den raum-zeitlichen Standpunkt des Betrachters zum Bezugspunkt seiner Faktenwahl und seiner Urteile zu machen, auch wenn wir nur allmählich lernen, die ganze Hintergründigkeit der Ethnozentrik zu begreifen. Der ethnologische Strukturalismus hat sogar, in *Race et Histoire* (1952) von LÉVI-STRAUSS, das Postulat der deskriptiven Gleichheit überzogen, indem er Geschichte nur noch als Kumulation heterogener ethnisch-kultureller Substrate auffaßte und damit die Zeit irreal werden ließ. Die Wissenschaftsgeschichte ist fast immer dem Spott derer, die recht behalten haben, gefolgt. Aber wie steht es mit den oft genannten Sizzi, Magini und Cremonini, die entweder gar nicht durch Galileis Fernrohr sehen wollten oder, wenn sie es taten, statt der Jupitermonde nur Spiegelungen wahrzunehmen behaupteten? Sie hatten ganz recht: der Blick durch das Fernrohr Galileis ist nichts wert, wenn er nur einmal erfolgt. Daß es keine Spiegelungen sind, kann man nicht wahrnehmen, sondern nur über Tage und Wochen hinweg an der Regelmäßigkeit der Positionsänderungen um den Jupiter erkennen, schließlich durch die Vorhersage der Konstellationen dem Zweifel entheben. Galilei war von der heliozentrischen Analogie dessen, was er sah, so überwältigt, daß er diesen Nachweis der Realität seinen Gegnern nicht einmal angeboten hat. Für die Geschichte der Philosophie ist der Simplicio in GALILEIS *Dialog über die Weltsysteme* keine lustige Person mehr, sondern eine polemische Karikatur. Die Wissenschaftsgeschichte, mit ihrem Gegenstand dem Erfolg verbunden, hat erkennbar andere Mühe, den obskur Gewordenen Respekt zu erweisen.

Die Unbilligkeit in der Dimension der Zeit trifft zwar die Gewesenen nicht mehr. Aber sie korrumpiert auf eine untergründige Weise, wer auch immer sie ausübt – ausübt vor allem durch die Mediatisierung der Vergangenheit für die Gegenwart, für *eine* Gegenwart, für deren Relevanzforderungen, ihre Aktualitätsmaße, die nur das auf diese Gegenwart Durchschlagende gelten lassen. Es mag sein, daß man aus der Geschichte lernen kann – oder auch nicht. Das ist sekundär gegenüber der elementaren Obligation, Menschliches nicht verloren zu geben.

Ich habe den Vorwurf des ›Historismus‹ immer als ehrenvoll empfunden. Ich verwahre mich dagegen, daß es unser ›Interesse‹ und nur dieses sei, was uns zu Erkenntnis im Raume und in der Zeit legitimiert und motivieren darf. Die Ureinwohner Patagoniens ebenso wie die jüngst zu Akademieehren gekommenen Kwakiutl haben einen Anspruch darauf, nicht nur am Leben gelassen zu werden, sondern auch von denen, die Theorie betreiben, theoretisch nicht vergessen zu werden, den Anteil an der Menschheit in ihrer Person gewürdigt und bewahrt zu sehen.

Freilich ergibt sich dieses *officium nobile* daraus, daß wir Theorie als Einstellung, als Wahrnehmungsfähigkeit überhaupt haben. Aber unter dieser, allerdings geschichtlichen Bedingung, haben wir, im Wortsinne, ›keine Wahl‹. Es mag auch sein, daß wir dieses geschichtlich uns zugefallene Officium wegwerfen können – aber nicht in den Stücken, in denen es uns beliebt, ohne der Korruption dessen zu verfallen, was irgendein ›Interesse‹ uns festzuhalten gebieten könnte. Es ist nicht Sache unserer Wahl, sondern des an uns bestehenden Anspruches, die Ubiquität des Menschlichen präsent zu halten. Gerade indem man glaubt zu wissen, was in Raum und Zeit ›für uns‹ wichtig und wissenswürdig sei, verfällt man der Voraussetzung, die man vermeiden möchte: der der Beliebigkeit des Wißbaren.

Die religiös-metaphysische Tradition des Unsterblichkeitsgedankens, bis hin zu Kants Postulat, hat überdeckt und vergessen lassen, was in so alten Institutionen wie *gloria* und *memoria*, negativ noch in der schrecklichsten: der *damnatio memoriae*, enthalten war: der Anspruch auf Erinnerung, nicht nur auf die aktive, sondern auch auf die passive, auf die Gleichzeitigkeit der Ungleichzeitigen, auf die Anstrengung, vor der Raum-Zeit-Kontingenz nicht zu kapitulieren. Die ›Menschheit‹ ist kein Über-Subjekt; es gibt keine Möglichkeit, sich diesem *universale* zu integrieren. Der Antihistorismus, in seinen verschiedenen Prägungen, ist der Versuch, die Kontingenz der eigenen Zeitstelle zumindest zu vergessen, das Postulat der Gleichheit in der Zeit, da nicht zu vollstrecken, doch wenigstens zu simulieren. Im günstigsten Falle, ist hinzuzufügen, denn genauso gibt es die Verdrängung *der* Geschichte durch *eine* Geschichte. Wer *gegen* die Geschichte ist, mag nicht gleich merken lassen wollen, *für* welche Geschichte er ist. Mit der Anstößigkeit der Raum-Zeit-Kontingenz zu leben, bedeutet nicht nur den Verzicht auf die Maßstäblichkeit der Gegenwart und ihrer nächsten Zukunft, es bedeutet zugleich das unverlöschliche Bewußtsein ihrer Unerträglichkeit.

Auch Geschichte der Philosophie, weiterhin Geschichte der Wissenschaften zu betreiben, kann nur eine der Formen sein, Anspruch auf die Achtung der Kommenden geltend zu machen, indem wir sie den Gewesenen erweisen.

Textnachweise

Lebenswelt und Technisierung unter Aspekten der Phänomenologie. In: Filosofia (Turin) 14 (1963) S. 855–884. – Zuerst vorgetragen für das Husserl-Archiv Köln im Februar 1959 und für die Philosophische Gesellschaft Basel im Dezember 1959.

»Nachahmung der Natur«. Zur Vorgeschichte der Idee des schöpferischen Menschen. In: Studium Generale 10 (1957) S. 266–283. – Zuerst vorgetragen für die Philosophische Fakultät der Universität München im November 1956.

Anthropologische Annäherung an die Aktualität der Rhetorik. – Dt. Erstveröff. Erstdr. ital. in: Il Verri (Mailand) 35/6 (1971) S. 49–72.

Sprachsituation und immanente Poetik. In: Wolfgang Iser (Hrsg.): Immanente Ästhetik – ästhetische Reflexion. Lyrik als Paradigma der Moderne. München 1966. (Poetik und Hermeneutik. Arbeitsergebnisse einer Forschungsgruppe II.) S. 145–155.

Paradigma, grammatisch. Aus: Beobachtungen an Metaphern. In: Archiv für Begriffsgeschichte 15 (1971) S. 195–199.

Ernst Cassirers gedenkend. Rede bei Entgegennahme des Kuno-Fischer-Preises der Universität Heidelberg im Juli 1974. In: Revue Internationale de Philosophie (Brüssel) 28 (1974) S. 456–463.

Veröffentlichungen von Hans Blumenberg (Auswahl)

Paradigmen zu einer Metaphorologie. Bonn: Bouvier, 1960. – Neuausg. mit einem Komm. von Anselm Haverkamp. Frankfurt a. M.: Suhrkamp, 2013.

(Hrsg.) Galileo Galilei: Siderius Nuncius. Nachricht von neuen Sternen. Frankfurt a. M.: Insel Verlag, 1965. – Neuausg. ebd.: Suhrkamp, 1980. (suhrkamp taschenbuch wissenschaft. 337.)

Die kopernikanische Wende. Frankfurt a. M.: Suhrkamp, 1965.

Die Legitimität der Neuzeit. Frankfurt a. M.: Suhrkamp, 1966. – Erneuerte Ausg. 1996. (suhrkamp taschenbuch wissenschaft. 1268.)

Die Genesis der kopernikanischen Welt. Frankfurt a. M.: Suhrkamp, 1975. – Taschenbuchausg. ebd. 1981. (suhrkamp taschenbuch wissenschaft. 352.)

Schiffbruch mit Zuschauer. Paradigma einer Daseinsmetapher. Frankfurt a. M.: Suhrkamp, 1979. (suhrkamp taschenbuch wissenschaft. 289.) – Neuausg. ebd. 1997. (Bibliothek Suhrkamp. 1263.)

Arbeit am Mythos. Frankfurt a. M.: Suhrkamp, 1979. – Neuausg. ebd. 2006. (suhrkamp taschenbuch wissenschaft. 1805.)

Die Lesbarkeit der Welt. Frankfurt a. M.: Suhrkamp, 1981. – Neuausg. ebd. 1986. (suhrkamp taschenbuch wissenschaft. 592.)

Lebenszeit und Weltzeit. Frankfurt a. M.: Suhrkamp, 1986. – Neuausg. ebd. 2001. (suhrkamp taschenbuch wissenschaft. 1514.)

Das Lachen der Thrakerin. Eine Urgeschichte der Theorie. Frankfurt a. M.: Suhrkamp, 1987. (suhrkamp taschenbuch wissenschaft. 652.)

Die Sorge geht über den Fluß. Frankfurt a. M.: Suhrkamp, 1987. (Bibliothek Suhrkamp. 965.)

Matthäuspassion. Frankfurt a. M.: Suhrkamp, 1988. (Bibliothek Suhrkamp. 998.)

Höhlenausgänge. Frankfurt a. M.: Suhrkamp, 1989. – Neuausg. ebd. 1996. (suhrkamp taschenbuch wissenschaft. 1300.)

In Reclams Universal-Bibliothek liegt vor:

Nachahmung der Natur. Zur Vorgeschichte der Idee des schöpferischen Menschen. 2020. (Nr. 19686.)

Biographische Notiz

Hans Blumenberg, geboren 1920 in Lübeck.

Promotion 1947 und Habilitation 1950 in Kiel. Lehrtätigkeit an den Universitäten Kiel, Hamburg, Gießen, Bochum und Münster (bis 1985).

Mitglied der Akademie der Wissenschaften und der Literatur zu Mainz seit 1960.

Kuno-Fischer-Preis der Universität Heidelberg 1974.

Sigmund-Freud-Preis der Deutschen Akademie für Sprache und Dichtung, Darmstadt, 1980.

Gestorben 1996 in Altenberge.

Inhalt